美聲主廚

VOCALIST
&
CHEF

邊田庄創辦人
永不放棄的人生

邊中健——著

推薦序一

王品集團創辦人 戴勝益

在廚房熬煮熱湯，卻忘了在湯裡加入鹽巴，結果再香醇可口的食物，都會變得淡而無味。

一鍋湯裡只要加入一匙鹽巴，湯頭就會瞬間變得鮮甜美味了。鹽巴本身是鹹的，但適量的鹽巴入湯後，湯頭就變得甘甜美味，但若是放入過量，湯頭就會鹹到難以入口。

生命也是如此！「美聲主廚」邊中健先生，在品嚐人生的酸甜苦辣後，將美食與音樂做完美搭配，讓人感受到生命的甘甜味美。用心品嚐本書，讓「美聲主廚」教您如何調味好自己的人生。

推薦序二

臺灣新銳指揮家　古育仲

第一次見到邊大哥，是在台北愛樂合唱團的招生甄試會場。

沒錯，我是台北愛樂合唱團的音樂總監，邊大哥，是我們的團員。

甄試那天，當他唱完，我們都驚豔於他渾厚優美的嗓音，但是也都因為他不懂得看五線譜而有些猶豫。說真的，能夠招收到一位聲音這麼棒的團員，我們都很開心，但是愛樂的演出行程繁忙，排練速度相當快，如果不會看五線譜，恐怕會很難跟上進度，造成團員的壓力。經過了討論，我們還是決定錄取他，試試看。一來，這麼好的一把嗓音，我們實在捨不得放棄；二來，他當時認真、誠摯、堅定的眼神和談話，讓我們感受到他的信心和決心，願意相信他做得到。事實也證明，他做到了。

有好幾次，和邊大哥聊到了工作、生活、排練的事，我明顯地感受到他的忙碌、他的辛苦、他的壓力。

老實說，台北愛樂合唱團的排練內容、演出行程，對於音樂系科班生和經驗豐富的合唱歌手來說，大概不算什麼。可是對於一般日常工作繁忙、事業家庭兩頭燒的社會人士來說，是有點兒負擔的，更不用說像邊大哥這樣，事業版圖多元、工作行程滿檔的團員，壓力更是沉重。但是，忙歸忙、累歸累，他總是可以配合排練和演出的行程，還抽出時間自己在家用功練習。有時候我會納悶：他是怎麼做到的？

這個答案，原來就在《美聲主廚》這本書當中。

瞭解了他成長過程中經歷的磨難、知道了他工作生活裡面對的問題、體會了他追求夢想時堅定的態度、看見了他立定目標後實踐的毅力，我不但有恍然大悟之感，更讓我深深地佩服他、尊敬他。讀這本書，我從邊老闆身上學習到了很多受用無窮的觀念和態度，也深入地認識了邊中健這位美聲主廚，還讓我更貼近了邊大哥這位好夥伴、好朋友。

如同邊大哥在書中說的：「只要有夢想，人生就會充滿力量。」希望這本《美聲主廚》的每一位讀者，都能夠從中得到力量——追求夢想的力量。

目錄

序幕

星期五，下午五點半。

臺北街頭，已抹上了華麗的夜色。

從捷運行天宮站二號出口出來，往右轉，看到招牌，沿著樓梯往下走，就是我的餐廳，邊田庄。

五百坪的空間中，疏落有致地錯落著深色系的餐桌椅，高挑的天花板下，垂掛著一盞盞貴氣的水晶吊燈，角落處處可見高雅的插花，邊田庄和一般人印象的中餐廳，很不一樣。

當第一個客人推開邊田庄的門，受到外場人員的親切招呼時，廚房裡已是形同戰場、熱氣騰騰，大約十四名員工，從熱炒師傅、點心師傅、廚房助手，到蒸籠手、配菜手，各自堅守崗位，有人切菜、有人翻鍋，有人煮麵，還有人忙著往餐盤上裝飾鮮花，陸續端出水晶封肉、茄子燒肥腸、芝麻牛蒡、海鮮燒豆腐等一道道好菜。

我是餐廳的老闆，也是廚房的主廚。即使有多位師傅，菜單上有些菜色，或是涉及特殊配方，或是我不放心其他師傅料理，就自己操刀，不假他人之手。如果我沒在燒菜，就緊盯廚房每個人的動作。我的廚房把衛生放在第一順位，要是有人衛生習慣不好，工作時，抓了抓鼻子沒洗手，當場就會挨我的一頓臭罵。

當廚房的作業都上了軌道，我便利用空檔去外場巡視，服務是邊田庄的招牌，若是有客人入座，半天沒人招呼，或是櫃檯的電話響了好幾聲，都沒人接，重視機會教育的我，就會把該負責的人叫到旁邊訓話。

因為我總是廚房、外場進進出出，確認廚房準時出菜，客人愉快用餐，每件事都在順利進行中，同仁給了我一個「小蜜蜂」的封號。

八點左右，當廚房的工作都忙得差不多了，客人也吃得酒酣耳熱，氣氛正好時，身穿著廚師服的我，悄悄地來到餐廳的某個位置，站定之後，燈光便出現變化，聚焦在我身上，眾人停下了筷子，目光全集中過來。

老客人都知道：「邊老闆要唱歌了。」

我，開始放聲高歌。

時下，形形色色的主廚很多，有所謂的「型男主廚」，或是「暖男主廚」，跟他們不一樣的是，我除了燒得一手好菜，而且也會唱歌。

我是「美聲主廚」。

第一章
打不死的童年

每個人都有屬於自己的天賦，
不會念書的孩子，並不代表他就沒有前途，
只要夠努力，一樣能出人頭地，
我在人生的上半場所付出的努力，
對父親，也是對我自己，證明了這一點！

百老匯知名音樂劇《棋王（Chess）》中，有一首曲子〈頌歌（Anthem）〉，唱起來十分雄渾有力，我十分喜愛，也曾經在店裡獻唱過：

No man, no madness
Though the sad power may prevail
Can possess, conquer, my country's heart
They rise to fail
She is eternal
Long before nations' lines were drawn
When no flags flew, when no armies stood
My land was born……

（就算他們權勢鋪天蓋地，
即使再瘋狂，也沒有人可以占有、征服我的王國。
權勢者來來去去，我的王國始終屹立不搖。
早在國界被劃定之前，
早在王旗還未飄揚，大軍還未駐守之前，
我的王國早已存在……）

每當我演唱這首曲子時，總覺得自己像是站在一個大舞臺上，我的歌聲朝四面八方輻射出去，世界都安靜下來，所有的人都專注地聽著我唱歌。

對我來說，只要能開口唱歌，我的舞臺，就是我的王國。

然而，在這個舞臺的前方，卻是一條布滿荊棘的漫漫長路。

為了站上這個舞臺，我等待、努力，長達二十七年……

挨打是家常便飯

回憶童年時，我的眼前便會出現一片綠油油的稻田，有個男孩站在田邊，望著小圳中的游魚，自然而然地就哼唱了起來：

「從前我家就住在那裡，那裡風景美麗，
有一天來了綠袖阿姨，我們心中真歡喜……
她跟著天使站在一起，心中愉快真安逸，
她告訴我們，她將不再回到這裡，
要前去天父的懷抱裡……」

男孩的歌聲聽起來明亮、乾淨，唱歌的神情又是一派天真無邪。

那個男孩就是我。

我是嘉義眷村白川町長大的孩子。父親是從中國大陸撤退到臺灣的軍人，他和母親都在嘉義酒廠工作。我在家排行老二，上面有一個哥哥，底下有一個妹妹。

記憶畫面裡的那個男孩，看起來多麼無憂無慮，事實上，這只是個表象。我的童年，非常不快樂。

眷村的孩子，通常會成群結隊，玩在一起。然而，我的年紀卻有點尷尬，在那些大哥哥的眼中，我太小了，有點像跟屁蟲，所以他們不喜歡跟我為伍。大哥雖然只比我大一點，但是他似乎覺得，要跟我劃清界線，才能跟他們同一國，所以他也不理我。

至於比我年幼的，就是妹妹了，她是女孩子，我也不太可能跟她混在一起。因此，小時候的我，是沒什麼同伴的。

除了孤單之外，我的童年經常處於遭父親體罰的恐懼之中。

我自認並不是非常調皮的孩子，但是家中的三名子女中，我最常挨打，只要做錯一點小事，就會換來父親一頓毒打。

比方說，小時候我們住的是三合院，在廁所和臥房之間，有一個露天院子，因此房間都會擺一個尿盆，半夜如果想尿尿，就尿在尿盆中。有一晚，我睡得迷迷糊糊，就在尿盆中上了大號。第二天早上，外頭下著大雨，父親將尿盆往外一倒，沒想到竟是「黃金」，他二話不說，把我從床上抓起來，拖到大雨中，狠狠打我一頓。

還沒有完全清醒的我，身上沾滿了屎尿，還得面對父親的棍棒，內心的驚恐，可想而知，當時的恐懼，即使時隔多年，我仍猶記在心。

另有一次，在父母親下班前，我和妹妹爬到大門上的平臺上玩，遠遠地眺望到他們回來了，我趕緊跳下來，妹妹也跟著跳，一個不小心，被信箱的稜角劃傷了眼角，流了血，雖不是很嚴重的傷，但是妹妹一手掩著眼睛，血就從她臉上滴下來，這景象嚇壞了父母親，父親本來就視女兒為掌上明珠，發現她受傷，心疼得不得了，而她一句「二哥帶我爬上去的」，我自然不可能有好下場。

那一次，父親因為揍我，打斷了兩根掃把。

即使升上國中，我已經有自尊心，父親修理我時，還是不手軟，甚至鬧到街坊鄰居要出來調解。

國三時，我喜歡班上一名女孩，她長得很漂亮，有點像混血兒，為了討她歡心，有一天放學後，我就約她去吃四果冰。因此，回到家的時間比平時大概晚了半個鐘頭。

當時我心想，不過就是回家晚了一點，頂多挨罵就是了，卻不知道，當天有親戚從臺北南下來拜訪，父親要帶大家一起吃飯，因此所有的人都在等我。渾然不知情的我，就在無警戒心之下踏入家門。父親見到我，手一揚，便將一只他用來裝水的大玻璃瓶，朝我的腳上砸過去，當場就鮮血淋漓。

母親一看到我受傷，就哭了，親戚趕緊勸父親：「不要打孩子啊。」他們愈勸，父親愈是火冒三丈，他揮著竹掃把，打得我全身是傷，但是這樣還不夠，他氣沖沖地說：「喜歡在外頭撒野是嗎？那麼你就別回家。」接著，他將我身上的衣物剝得一件不剩，然後趕出家門。

那時候已進入青春期、身體開始發育的我，全身赤裸，遍體鱗傷，還得用手遮著私處，在屋簷下哭泣，隔壁的杜媽媽看不下去，要帶我去她家，父親又出來搶人，左鄰右舍都出來議論紛紛，最後是村長出來打圓場，先把我安置在他家，等父親氣消了，再送我回去。

恨鐵不成鋼

父親打我，原因形形色色，而最常見的導火線，就是我的學業成績。

從小，我不是念書的料，特別是數學、理化，不管我再怎麼努力，上起課來，總是鴨子聽雷，考試時，面對試題，腦中也是一片空白。

國二時，曾經有位教數學的江老師好心想幫我，問我：「邊中健，你到底哪裡聽不懂？告訴我，我再講一遍。」我訕訕地告訴他，其實從我國小五年級開始，我就聽不懂老師上課的內容了。

江老師先是一臉不可置信，然後嘆了口氣，說他可以利用課餘時間，從小學五年級的程度幫我補習。結果他愈是認真想教會我，我愈是聽得冷汗直流，心裡很清楚，自己就不是念書的料，後來便選擇放棄了，但是，江老師對我的照顧，我卻從來不曾忘記。

然而，父親始終堅信「萬般皆下品，唯有讀書高」，而成績單總是滿江紅的我，卻讓他在同事之間，抬不起頭來。

當時菸酒公賣局的員工子女，只要成績符合標準，都能申請獎學金，申請結果公布的那一天，就是我的苦難日。

父親有兩位同事，都姓杜，他們的孩子都很會念書，每逢獎學金名單公布後，總不免相互打聽一番，他們的小孩自然是榜上有名，問到我父親時，因為大哥的成績還不錯，不會讓他丟臉，接下來一句：「那你家老二呢？」我父親可就顏面無光了，所以只要是酒廠發獎學金的日子，我就知道當天不會有好下場。

恨鐵不成鋼的父親，見我的成績始終沒有起色，就採取「棒下出孝子」那一套，小孩功課不好，就打到讓你不得不變好。因為打我，家裡的掃把斷過不計其數，他索性在嘉義酒廠磨了兩根大棍子，即使他下手再重，也不會打斷，而我所承受的皮肉之苦，就更為慘烈了。

為了改善我的成績，父親想出了各種折磨我的方式。

比方說，背誦類型的科目，像是歷史、地理，他就要我背熟了才能上床睡覺，沒背熟，就跪在客廳繼續背書。因此，夜闌人靜時，當家人都睡著了，就我一個人還苦撐著背書，即使眼皮已經重得抬不起來，我還是不敢睡，因為父親半夜會起床，查看我的狀況，如果見到我在睡覺，立刻就是一頓狠打。

我們一家都是高個子，母親有一六八公分，大哥是一八三公分，妹妹也將近一七〇公分，我則是一百七十八公分，雖然不算矮，但是，我總以為，要不是因為成長過程中長期睡眠不足，我的身高應該可以達到一八〇吧！

半夜不讓我睡覺，還算小事，為了要逼我念書，父親的招數千奇百怪，現在回想，有些手段已經到了不可思議的地步。

我記得，在嘉義農專附近，有一條大圳，旁邊植有大樹。父親曾經在晚上九、十點時，把我帶過去，然後將我綁在樹上，讓我被蚊子叮，同時問我：「你要不要好好念書？要不要把英文背好？」我連聲答應了，他才把我放下來。

還有一次，我考試又考壞了，父親臉色一沉，就叫我坐上他的摩托車，載我到嘉義的蘭潭水庫，二話不說，就把不會游泳的我，丟到水裡，看我在水中載浮載沉，快要溺斃了，他才跳下來救我。回到家後，他繼續精神轟炸：「要不要好好用功念書？」我也只能點頭說好。

然後，下一次考試，成績還是不好，他繼續修理我，成了我成長過程中反覆出現的戲碼。

悲慘的理化「拳」威

學校是我的另一個地獄，全班四十五名學生，按照成績排號碼，我是四十三號，基本上就是吊車尾，挨打也是家常便飯。

凡是考試不達標準，少一分就是打一下，或是打手心，或是打耳光，我打習慣了，也有自己的因應之道。

曾經聽說，挨打前，先在手心塗綠油精，打起來會比較不痛，根據我的經驗，其實效果有限，而最好的「減痛法」，是在「受刑」前，先將手搓熱、搓麻，等到棍子實際打在手上時，就不會那麼痛了。

然而，有一次我遭體罰的過程太過於慘烈，任何「前置作業」都發揮不了作用。

當時班上有一位同學，功課好，但是因為不愛洗澡，其他同學都不太理他，只有我還願意跟他互動。有一次是理化考試，這位同學偷偷地將答案秀給我看，不過，也只是很短的時間，他就收起來，不讓我看了，剩下來的，我就只好靠猜題，沒想到居然還都讓我猜中了，考試結果公布，我是班上的最高分。

難得拿到了好成績，照理來說，我應該開心才是，結果，等著我的卻是一場畢生難忘的毒打。

下課後，班導師羅國珍便把我拉到廁所旁的樓梯間，殺氣騰騰地問我：「你是不是抄別人的答案？」我擔心一旦吐實，就會連累到那位同學，因此一直不承認，班導師認為我沒說實話，先是打我耳光，接著就開始拳打腳踢，一邊打，還一邊罵髒話，我都已經被打趴在地，抱著樓梯扶手，一直向他求饒，羅老師還是停不下來，繼續往我身上猛踹，直到我動彈不得。

因為這次事件，我後來在班上得到了一個封號：理化「拳」威。

如果換成今天，以羅老師體罰我的方式，肯定會上新聞，但是在那個升學主義掛帥的年代，父親不但沒有責怪老師，反而感謝對方「教導有方」，甚至要請老師吃飯，可見得在他眼中，孩子的學業表現是多麼重要，只要成績能變好，即使孩子被打得鼻青臉腫，也是一種「必要之惡」。

我在拳腳相加的教育下長大，因為挨打得太嚴重，讓我很早動念，只要有機會，就盡早離開這個家，年紀愈大，這個念頭就愈發堅定。

坦白說，我知道父親的所作所為，出發點都是希望我能成材，所以我並不恨他。只是他用成績和分數來評斷一個人的價值，讓我一直對自己很沒有自信心，直到後來我離開家到外縣市念書，和朋友組成了熱門樂團並擔任主唱，獲得了一些掌聲，才勉強找回一點自信心。

靠自己打造舞臺

在傷痕累累的成長過程中，唱歌一直是我生命中很重要的慰藉。

如果說，我的童年有什麼美好的記憶，大概就是母親帶著妹妹和我，在稻田烤番薯，我唱歌給母親聽，她露出了開心的笑容。

我不擅念書，手也不巧。工藝課製作手提箱，其他同學交出的作品又牢固又漂亮，我的則是支離破碎、慘不忍睹。我唯一拿手的事情，就是唱歌，音樂課上老師不管教任何歌曲，只要教一遍，我立刻就能朗朗上口。

若是在求學階段，有任何一位音樂老師看見我的天賦，或許我的人生就會完全不同吧。

然而，在升學主義的風潮下，我的音樂天賦並沒有獲得重視。至於我的父母親，坦白說，他們很捨得栽培孩子，當年他們的收入不算特別好，卻願意花錢讓大哥學吉他、口琴，也讓妹妹去學鋼琴、古箏，對於排在中間的我，他們已經沒有多餘的資源了，而我長期處於自尊心低落的狀態，早已習於逆來順受，也默默接受了這樣的結果。

只是，在我內心深處，總有著想要唱歌的衝動，而我也知道，如果我要讓自己的天賦發光，就得靠自己打造舞臺。

直到我打造了邊田庄，邊田庄就是我的舞臺、我的王國。

二〇一五年的農曆年，父親來邊田庄用餐，我便在現場獻唱，曲目就是〈頌歌〉。

我雖愛唱歌，卻從來沒在父親面前唱歌，因此，這也是父親第一次聽見我的歌聲，對他是很大的震撼。

當場，父親淚流滿面、泣不成聲，為他過去對待我的方式，向我道歉……。

每個人都有屬於自己的天賦，不會念書的孩子，並不代表他就沒有前途，只要夠努力，一樣能出人頭地，我在人生的上半場所付出的努力，對父親，也是對我自己，證明了這一點。

第二章

我的「野孩子」時代

年輕時，你就是可以理所當然地盡情作夢，
即使懷抱著的都是些不可能的夢，
不論夢想日後有無機會實現，
那些為了夢想可以肆意揮灑的青春，
仍是人生中一段極為美好的歷程。

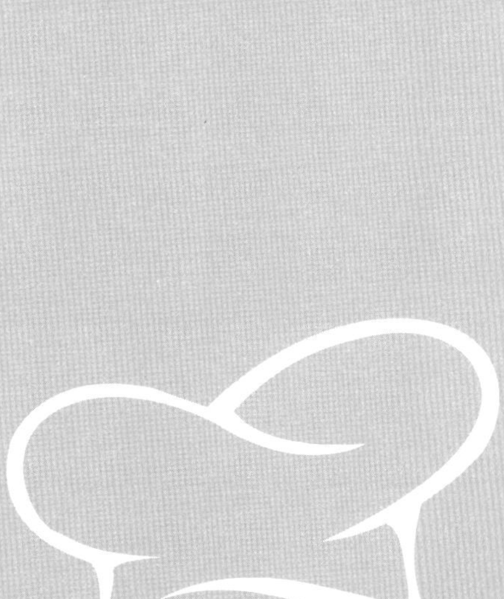

在我的記憶深處，存在著這樣一首歌，旋律已牢記心中，隨時都可以哼唱起來：

為什麼你不坦率地說出來，
為什麼你要把心藏起來，
朋友，讓我們一起迎向另一個未來。
伸出你的雙手，張開你的胸懷，
讓這一切過去……

這首〈另一個未來〉，是五專時代的我，在「野孩子樂團」擔任主唱時，和團員合作的創作曲。我們將這首曲子錄成試聽帶（即俗稱的Demo帶），向各大唱片公司投石問路，希望有機會發行自己的唱片。

可惜的是，我們後來並沒有如願以償，〈另一個未來〉只能停留在試聽帶的階段，但是對我來說，這首歌仍有著非常重要的意義，每一次哼唱起這首歌，我彷彿也重回五專時代，享受著唱歌帶給我的成就感……

和室友組成熱門樂團

國中畢業後，我進入南榮工專（現已改制為科技大學）就讀，學校位於鹽水，因此，我曾在這座小鎮度過了五年的歲月。

提及鹽水，多數人第一個聯想，就是蜂炮，每年的元宵節，總有無數遊客慕名而來，體驗萬炮齊發的震撼。我在鹽水求學，看過不少遊客挨炸的驚險畫面。不過，最讓我懷念的，首推「鹽水意麵」，Q彈有勁，湯鮮味濃，再配上一盤撒上蔥花的滷豆干，對於當時的我來說，可謂人間美味。

記得去學校報到的那一天，還有一段插曲。那天，我一大早從嘉義出發，先搭火車，再轉客運，結果錯搭了開往白河鎮的車，趕到學校時，已經是中午了，還好那時司機好心問我要去哪裡，我才意識到自己搭錯車，否則到太陽下山了，我都還找不到學校。

因為從小功課就不好，我自然不敢奢望念高中，參加南區專科聯招，雖不至於名落孫山，也只勉強考上了排行倒數第二的志願，而且念的還是我完全不感興趣的電子科。我之前挨父親體罰時，便想著總有一天要離開這個家，南榮在臺南，我必須離家求學，也算是如願以償，只是父親也講得很清楚，他只供我念完國中，之後就得獨立，因此我從專科開始，就靠打工養活自己。

剛進南榮時，我的日子過得十分黯淡無光，書讀得很痛苦，成績只求及格，老師也不太會正眼看我，而學校有不少帶江湖味的學長，看到我斯斯文文的模樣，三不五時總要來「調戲」一番，他們其實沒有惡意，加上我拿出從小練成的「眷村生存術」，面對學長時，態度相當恭敬而卑微，因此還算能相安無事。

在南榮工專的前兩年，我一直是沒沒無聞，直到專二的暑假，情況出現了逆轉。

某一天，同寢室的室友「安怎」（臺語「怎麼樣」的意思）提到了要組熱門樂團，正在討論誰彈吉他，誰彈貝斯，誰是鼓手，我突然心血來潮，便問「安怎」：「你們找到主唱了嗎？」

「安怎」沒好氣地回我：「你不知道嗎？主唱最難找了。」

「那麼，我可以唱幾句，你聽聽看，適不適合？」躺在上鋪的我，便向睡下鋪的「安怎」毛遂自薦。

「邊中健，少給我吹牛了，最好你會唱歌啦……。」「安怎」半信半疑地拿起吉他，幫我伴奏，我就唱了幾首當時盛行的民歌，歌聲一傳開，不但同寢室的人圍了過來，甚至連其他寢室的人都跑過來聽，不用說，我用歌唱實力證明了自己，順利成為了樂團的主唱。

樂團的名稱，就叫做「野孩子」，因為我們自認為是一群來自鄉下的野孩子，五名團員中，除了我是電子科，其他都是機械科的學生。

團長就是「安怎」，也是第一吉他手，因為嘴邊常掛著「安怎」，所以有這個綽號。身為臺南人的「安怎」，看起來有點像黑道大哥，其實面惡心善。他家裡務農，從事荔枝的栽種，他曾經接待我們去他家果園玩耍，在那裡，我吃了這輩子吃過數量最多的荔枝。

貝斯手叫做「奔叟」，就是臺語的「垃圾」，人很和善，跟我一樣，都是嘉義人。至於第二吉他手，是學弟阿郎，人長得非常帥。不過，讓我印象最深的是鼓手阿凱，家境很不錯，人高高瘦瘦，也是長手長腳，我個人覺得阿凱長得很有喜感，他在我們之中，女人緣卻是最好，常有女生為他爭風吃醋，互指對方是「臭女人」，每次遇到這種場面，我們其他團員總是悄悄離開，讓他自己去解決「家務事」。

我們五個人募了一點資金，先是在市區租了一個空間，作為團練室，因為實在太吵了，兩個月後就遭房東趕走，後來找到一間坐落在稻田中的房子，四下無人，再怎麼吵都不會干擾到別人。我記得，每逢下午沒課時，我就回去練唱，甚至還曾經一邊蹲馬桶，一邊唱歌，同時把門打開，眼前是一片陽光下的金黃稻穗，是我人生中很難以忘懷的畫面。

如果人生還可以再來一次，相較於念高中、大學，走升學這條路，我還是會選擇來到這個寧靜、純樸的鹽水小鎮，可以完全投入在自己的音樂世界之中。

體驗明星的快感

五、六年級世代應該記得〈愛情釀的酒〉這首歌，這首歌的主唱羅紘武，跟他所屬的樂團「紅螞蟻」，當年在校園裡，可說是風靡一時。「野孩子」和「紅螞蟻」，曾經有三次交手的經驗。

第一次交手時，「紅螞蟻」剛發片，而「野孩子」則才剛出道，當時我們出席了臺南的一場慈善演唱會，共襄盛舉的歌手，還包括了麥偉林、麥瑋婷等人。當天的演出順序，「紅螞蟻」排在我們之後，很不巧的是，我們都選唱了〈The Breakup Song〉。排演時，我聽到了羅紘武的歌聲，的確很有特色，多少對我造成了壓力，輪到我彩排時，幾乎唱不出來，正式演出時，一來是經驗不足，二來心情受到了影響，因此表現得很失常。

大概在兩年後，我們又在新營參加了另一場慈善演唱會，還是「野孩子」先唱，而「紅螞蟻」壓軸，這一次表演完，「紅螞蟻」的團長沈光遠還跟「安怎」說：「你們的主唱進步很多耶！」只能說，前一次的失常，太讓人印象深刻了吧。

後來，我們又曾經在另一場演唱會碰面，一如以往，還是「紅螞蟻」壓軸，而「野孩子」累積了不少經驗，也不似之前的青澀了。我們完成演唱後，曾跟「紅螞蟻」打個招呼，聊了幾句，就各自帶開了。

要論人氣，當然還是「紅螞蟻」鋒頭最健，只是我們也有自己的粉絲，記得有一次去美和護專表演，在臺上演唱時，熱情的學妹幾乎都要衝上來，之後回到後臺，也是被人潮包圍，不時有人伸出手來「偷襲」我們的臉、脖子，算是體會了當明星的快感，事後也收到不少愛慕的情書。

坦白說，這種明星光環，感覺真的還不錯，只是我體驗過了，並沒有太沉溺其中，對我來說，還是站在臺上演唱的瞬間，才真正為我帶來成就感。

自從組成熱門樂團後，本來在學校只是無名小卒的我，變成了風雲人物，從教官、班主任，到教務主任，對待我的態度也明顯改變，三不五時會主動找我講話，問我最近又要去哪裡演出，讓原本自尊心低落的我，重拾了不少自信心。

在我專四時，學校要從高年級的班級中，甄選一支朗誦的隊伍，參加南區大專院校的朗誦比賽，當時，電子科三年級的其中一班，由老師精挑細選出一票選手，男的帥，女的美，是公認的奪冠隊伍，而我不知道哪裡來的勇氣，自告奮勇要籌組我們班的朗誦隊，班導師還很驚訝：「你不是要忙著唱歌嗎？你確定還有時間嗎？」我拍著胸脯保證沒問題，老師就放手讓我去進行。

我找來班上三十位有意願參加甄選的同學，選了徐志摩的〈再別康橋〉作為朗誦的題材，融入吟唱的手法，當男生在朗誦時，女生就低聲吟唱，然後再反過來進行，最後再一起吟唱，聽起來非常有氣勢。

正式比賽時，那支學弟、妹組成的精英團隊，用電影《愛的故事》的主題曲作為朗誦時的背景音樂，也非常別出心裁，不過，還是不敵我們的〈再別康橋〉，最後是由我們班拿下了校內甄選的第一名。

後來前進南區競賽時，我們雖然沒有奪冠，只拿到優等，但是我們的表演引起了現場非常熱烈的迴響。

這次經驗，大幅提升了我的自信，也讓我了解，自己並不是一無可取，只要我能善用「聲音」這件事，就能讓人刮目相看。

不過，當年的我，唱的還是西洋熱門歌曲，我雖然能唱，卻不是真正適合自己的歌路。直到我三十多歲時，偶然間聽到了義大利盲人歌手安德烈・波伽利（Andrea Bocelli）的專輯《Sogno》，我才意識到，最能讓我聲音的力量發揮到淋漓盡致的方式，就是這種「美聲」唱法。

雖然說，專科時代的我，已經領會了站上舞臺的魅力，但直到聽到了波伽利的美聲唱腔，我才算是真正找到了屬於自己的舞臺。

向唱片公司毛遂自薦

多數玩樂團的年輕人，都會有一個共同的夢想，就是有朝一日，可以發行唱片，當年的「野孩子」也不例外。

畢業前夕，每名團員各出了一萬元，共湊齊了五萬元，到了一家叫做「樂韻」的錄音室，將所創作的〈另一個未來〉錄成試聽帶，寄給了唱片公司，然後靜待命運之神來叩門。

我們果然得到了一些唱片公司的回應，然而最後的結果，卻跟我們想的有點不一樣。

比方說，我們去了「藍白唱片」，接見我們的是知名製作人李子恆，他一見到我們五個人，開門見山就說，我們的外型不夠出色，還不到可以出唱片的水準。現在回想，當時的我們，的確就是一群鄉下孩子的模樣，每個人都乾乾瘦瘦，他說的未嘗不是實話，但是親耳聽到這樣的評論，對於滿懷出片夢的我們，實在是一大打擊。

現場還有一位陳黎鐘小姐，她是歌手，也是製作人，見到這幾個年輕人垂頭喪氣，還過來安慰我們，告訴我們一些出唱片時，應該要注意的事。

後來，我們又去了「滾石」，當時我非常喜愛的歌手，像是齊豫、潘越雲，都是「滾石」的歌手，很幸運的是，接見我們的人，正是潘越雲。

她仔細聽完我們的試聽帶，說我聲音不錯，但是錄音品質不好，一聽到錄音室的名字，她眉頭一皺說：「那是錄歌仔戲的錄音室。」根據她的說法，試聽帶裡有很多回聲，而且我因為經驗不足，錄音時也明顯「噴麥」，發音時，從嘴中吐出的氣流衝向麥克風，因此會出現噗噗、滋滋的氣音，通常錄音室會提供海綿罩來防「噴麥」，但是我們在錄音時，「樂韻」並沒有準備這樣的設備。

她在紙條上寫下了敦煌錄音室的地址，很多滾石的唱片都在那邊錄製，要我們去那裡再錄製一次試聽帶，讓她再重新聽過。

潘越雲可能沒想到的是，光是在「樂韻」錄製的試聽帶，就已經花掉我們所有的出片預算了，實在沒有多餘的錢，再去「敦煌」錄音。五個人經過討論之後，就決定暫時放棄了。

有時我不免這麼想像，如果當時潘越雲知道我們的經濟狀況，願意由「滾石」先出錢，讓我們去錄製一支品質比較好的試聽帶，我們會不會就跟「紅螞蟻」一樣順利出片，每個人的人生也因此大不相同呢？

不過，現實的狀況是，經過了幾次碰壁的我們，在畢業之後，就各奔前程、漸行漸遠，不要說出片，連再見面的機會都沒有了。

雖然說出唱片的夢想無疾而終，但是我仍然很感念陳黎鐘和潘越雲兩位前輩，她們展露了提攜後輩的風範，我想我會一輩子銘記在心。

未來，如果還有機會，我希望能湊齊當年那群「野孩子」，大家聚首再進錄音室，讓那首〈另一個未來〉重見天日，我們都不再阮囊羞澀，相信這次應該可以進比較高檔的錄音室了。

回憶我的「野孩子」時代，我會想起音樂劇《夢幻騎士（Man of La Mancha）》中的那首〈追夢無悔（Impossible Dream）〉：

To dream the impossible dream
To fight the unbeatable foe
To bear with unbearable sorrow
To run where the brave dare not go
To right the unrightable wrong
To love pure and chaste from afar
To try when your arms are too weary

To reach the unreachable star
This is my quest, to follow that star……

（夢想那不可能的夢想；
對抗無法擊潰的敵人；
承受無法承受的痛楚；
奔向勇猛戰士都不敢去的地方。
更正無法更正的錯誤；
愛戀來自遠方的純真與聖潔；
嘗試在手臂已疲憊不堪時，
摘取那遙不可及的星星；
這是我的探索，去追尋那顆星星……）

年輕時，你就是可以理所當然地盡情作夢，即使懷抱著的都是些不可能的夢，不論夢想日後有無機會實現，那些為了夢想可以肆意揮灑的青春，仍是人生中一段極為美好的歷程。

第三章

從地獄到天堂

上帝的確給了我一副好聲音，
但是，
最後還是得靠自己的勇氣，
才能讓世界聽到我的聲音。

專科畢業前夕，「野孩子」想要進軍唱片圈，雖然壯志未酬，但是滾石的潘越雲接見我們時，提供了很多建議，展現了十足的前輩風範。

我自己也很喜歡潘越雲的歌曲，特別是〈浮生千山路〉這首歌，歌詞典雅而優美，我在金門服役時，一個人在太武山的衛哨站衛兵，最喜歡站下午的崗哨，午後的陽光從雲層間灑落，眼見四下無人，就放聲唱起歌來：

小溪春深處，萬千碧柳蔭，不記來時路。
心托明月，誰家今夜扁舟子。
長溝流月去，煙樹滿晴川，獨立人無語。
驀然回首，紅塵猶有未歸人。
春遲遲，燕子天涯，草萋萋，少年人老。

水悠悠，繁華已過了，人間咫尺千山路。
行到水窮處，坐看雲起時，涼淨風恬。
人間依舊，細數浮生千萬緒。

除了〈浮生千山路〉，潘越雲另一首〈相思已是不曾閒〉，費玉清的〈送你一把泥土〉、葉璦菱的〈陽光森巴〉，都是我當時經常練唱的曲子。

看似悠閒自在的畫面，是我當時軍中生活的寫照，然而，在那之前，我卻是活在水深火熱之中。

我知道自己有一副好嗓子，卻從來也沒有想到，在軍中，我的聲音卻成了我從地獄翻轉到天堂的關鍵。

外島砲兵連隊的菜鳥

未滿二十歲的我，在高雄衛武營完成新兵訓練後，被分發到了金門基層砲兵連隊。

記得在抽籤分發部隊時，人人都是對「金馬獎」避之唯恐不及，當有人不幸「中獎」，其他人就是一陣歡呼。然而，因為我從小就想要離開家，當我抽到金門時，反而欣喜不已，讓旁人感到不可思議。其實，相較於金門，我更希望抽到戰地氣氛濃厚的馬祖。

抽完籤那一晚，不少要分發到外島的弟兄躲在棉被裡偷哭，甚至還有人開始寫遺書，我的感想則是：不過就是去外島當個兵，有這麼嚴重嗎？

不過，當我真正開始了解在金門的新兵生涯，才知道日子並沒有我想得那麼輕鬆。

當過兵的人都知道，新兵下部隊時，如果上頭都是老鳥，「中鳥」沒幾隻，這批菜鳥就慘了，而我還是那批新兵中唯一的大專兵，不用說，自然成為學長們修理的頭號對象。

第一個下馬威，來自連長。既然是唯一的大專兵，下部隊的第二天，我就被輔導長選為政戰士，此時突獲連長召見，我原本以為應該是好事，結果站在連長跟前，他上來就是給我一記耳光，語氣兇狠地說：「以為大專兵就了不起啊！」莫名挨打的我，還不知噩夢才正要開始。

軍中菜鳥的日子十分辛苦，我除了要負責政戰業務，還要練砲兵操、挖碉堡，站衛兵當然也是少不了。因為是菜鳥，學長一個晚上排我兩班衛兵，也得默默忍受。

在那個年代，金門宵禁，晚上幾乎沒有燈光，如果有點星光還好，但如果連星光都沒有，只得摸黑上哨、下哨。有一天，我站衛兵站到清晨四點，正準備下哨，放眼四下，一片漆黑，加上大概也是體力透支，精神恍惚，全副武裝的我，正要往安全士官哨的方向走去，一個沒留意，整個人摔進了兩公尺深的砲軌（大砲行進時所用的軌道），痛到幾乎沒了知覺，在砲軌裡動彈不得，無計可施的我，一直哭到天亮，安全士官前來找我，才把我救出來。

我仍記得，當我困在砲軌中，除了肉體疼痛不已，內心更是辛酸，我把自己所承受的一切，歸咎於自己不會念書；如果我是國立大學畢業，師部、營部選兵時，應該就會被選上了，正因為我只是個專科生，才會流落到基層連隊，飽受種種折磨。

那痛徹心扉的感覺，即使近三十年過去了，我仍然難以忘懷，稍一回憶，腿上似乎也會隱隱作痛。當時，如果摔成了骨折，或許我還可以進軍醫院休養，然而那一摔痛歸痛，卻沒有骨折，即使走起路來一跛一跛，該做的勤務一樣少不了。

飽受身心的凌虐

剛下部隊那段期間，除了身體上的疲憊，還有精神上的凌虐。我是幹部、老鳥的出氣筒，半夜裡被叫起來痛打一頓是家常便飯。有一次，因為連長想吃狗肉，一位原住民學長就幫他殺狗，還找我當助手，地點就在洗澡間的水槽。眼看著狗兒的掙扎和哀號，我實在是無法承受，一再請學長放過我，或許是他覺得我這個大專兵太可憐，手一揮，叫我離開，我頭也不回地逃離了現場。

雖然沒有親眼目睹，但是狗兒的下場不難想像，那天晚上，晚點名之後，每個人都聞到連長寢室傳出火鍋的味道。

如果沒有記錯，連長年約四十幾歲，性好漁色，對他來說，軍中樂園尚不足以洩慾，甚至還對連隊上的弟兄下手，而高高瘦瘦、一副手無縛雞之力模樣的我，就成了他的受害者。

那天晚上，我被叫進了連長的寢室，他指著一張女人的照片：「你說，我老婆漂不漂亮？」我回答：「恭喜連長，很漂亮。」他啐了一聲：「他媽的，我要你恭喜什麼！」旋即抓住我的脖子，將我推倒床上……

當時的我求救無門。在宵禁的夜晚，月黑風高，一個基層連隊的新兵，就算是無聲無息消失了，恐怕也沒人知道。我相信，連隊上所有的人，都知道在連長的寢室中發生了什麼事，但是沒有人對我伸出援手。

後來，我們連上有一位下士學長舉槍自盡，那位學長容貌白淨俊美，他會走上絕路，我大概可以猜出背後的原因。大概是我從小意志堅韌，即使在連隊中飽受凌虐，也從來沒有輕生的念頭，無論處境多麼艱困，我相信只要能撐過去，一定會出現轉機。

逆轉乾坤的意外之舉

下部隊四個月左右時，在連隊負責政戰工作的我，收到了一紙公文。當年由於軍中自殺事件頻傳，為了提振士氣，金門軍方舉行了小型的康樂競賽。為了這次競賽，砲指部發文，要求每個基層連隊派出會唱歌的弟兄參加甄選。

看到了「唱歌」兩個字，我立刻眼睛一亮，便向輔導長毛遂自薦，輔導長聽我說話的聲音，就知道我應該能唱歌，但是他才不願意讓我參加甄選，一旦選上了，原本連隊的政戰業務就沒人負責了。於是他草草安排了兩名原住民學長參加甄選，由我領隊帶到砲指部，為了怕我展露歌喉，輔導長還交代學長：「你們要注意，別讓邊中健唱歌哦。」

雖說上級要求連隊要派出會唱歌的弟兄，但是基層連隊原本就人手不足，倘若真的入選，連衛兵班表都得重排，十分麻煩，因此輔導長挑的人選，沒受什麼教育，連口齒都不清楚。其實就只是敷衍上級的要求，根本不希望有任何人被選上。

我帶著兩位學長，來到了砲指部，站在指揮官面前，他們還沒開口唱歌，就被狠狠打了回票：「不用唱了，回去。」我看到指揮官一臉不悅，彷彿苦惱著怎麼都找不到會唱歌的人。

此時，我不知道哪裡來的勇氣，一個箭步跨上前，道：「報告指揮官，六一八營第一連，二兵，邊中健。」

指揮官沒好氣地看了我一眼：「什麼事？」我鼓起勇氣回答：「報告指揮官，可不可以讓我試試？」

指揮官就跟樂隊的指揮說：「問他要唱什麼歌？」語氣還是相當不客氣。

我選唱了薛岳的〈搖滾舞台〉，才唱了兩小節，指揮官就站了起來，走到我面前：「後面就交給你了，如果出問題，我就關你。」轉身就離開了。

突如其來的結果，我和那兩位學長都驚訝得說不出話來。

從那一刻起，世界就翻轉了，我知道自己再也不必回到連隊，面對那些喝醉後會打我的學長，以及那位欺負我的連長，這樣的改變，只因為我展露了我的歌聲。

砲指部的政戰主任打了通電話給連隊的輔導長：「你們的邊中健就

留在我們這邊。」通知完，也不待回應，就掛了電話，而我帶來的那兩位學長，就請隔壁連的政戰士帶回去。

我留在砲指部，負責籌組一百多人的合唱團，在那次的康樂競賽中，奪下了冠軍，我獲得十二天的榮譽假，甚至還可以坐飛機回臺灣。

我一直知道自己會唱歌，然而，卻是生平第一次，我意識到我的歌聲，居然有扭轉乾坤的力量，而之前在基層連隊的那一段苦難，也就此畫上了句點。

當指揮官的合音天使

至今，我仍然記得那位改變我命運的指揮官，他是張寧吾將軍。他方臉、膚色黝黑，貌如鍾馗，因為臉上有顆大痣，人稱「張黑子」。關於張寧吾將軍，軼事不少。比方說，砲指部附近有太武公墓，據說半夜公墓會傳出踢正步、唱軍歌的聲音，有一次，張將軍突然衝到了太武公墓，命令「他們」立即解散，之前的「夜半歌聲」便不再出現。

張將軍治軍甚嚴，軍中上上下下，只要看到他，無不戰戰兢兢，大氣不敢喘一下；他每次出巡下級單位，不管對方做得多好，他一定會抓一個人關禁閉，目的是為了立威，因此在金門的三個師、兩個指揮部中，無論是哪一種競賽，一定是拿冠軍。

這位讓人聞風喪膽的「鬼見愁」，卻成了我的朋友。

原因是，他閒來無事時，有個嗜好，就是哼唱兩首歌曲，他有個自己的軍樂隊，而我就是他的合音天使。那時候，我從基層連隊的政戰士，轉到了砲指部的政戰部，常常在晚餐之後，就會接到指揮官召見的通知，於是我就立刻趕了過去。人前總是一副鐵面模樣的指揮官，對我卻是非常和藹可親，還會為我準備點心。我吃完點心，他就要樂隊奏樂，唱起了凌峰的〈船歌〉，而我就在旁邊合音，指揮官唱歌時開心的神情，我到現在還是記憶猶新。

張將軍對我寵愛有加，連年夜飯都要我這個小兵跟他們夫妻倆一起吃，讓不少軍官為之側目。吃過飯，我陪著指揮官和他夫人一起散步，冬夜的星空十分清亮，我跟在指揮官身邊，聽他談起自己的軍旅生涯，如何一步步往上爬，才能坐到現在這個位置。

言談之中，聽得出將軍對我充滿了期許，希望我也能出人頭地，他最後拍拍我的肩說：「邊中健，你可不要讓我失望。」氣質高雅的夫人也微笑看著我，一股暖流湧進心頭，那一刻，我竟無法分辨對我說話的是指揮官，還是父親……

坐將軍專用車回連隊

調離基層連隊的兩個月後，某一天，我接到了原單位輔導長的電話。原來，我雖然調職，但是通訊地址還是原單位，因此那裡收到了不少父母親寄給我的信，我一方面很想回去拿信，另一方面又擔心回去之後，會遭到原單位學長的報復或欺負。

想了幾天，我終於按捺不住，就利用中午的時間去找指揮官，因為他在睡午覺，他的侍從士就把我擋了下來，但是我堅持要見，而侍從士也知道指揮官疼我，眼見擋不下來，只好硬著頭皮為我通報。

結果，指揮官不但不生氣，反而好聲好氣地問我：「邊中健，怎麼了？」我報告了自己的狀況，指揮官知道了我的擔憂，便說：「這樣好了，我叫侍從士陪你回連隊。」即使如此，我還是不放心，指揮官拿我沒辦法，索性讓我坐他的配車回去。

當年，師長級的車都配有雷達，因此在軍中又被稱為「發角車」，我一個小小的二兵，居然能坐上發角車，在軍中簡直是前所未聞，我受寵若驚的心情，自是難以形容。在車上，擔任駕駛的學長用難以置信的語氣告訴我，他跟指揮官至今，還沒有人可以獲得這般的禮遇。

對於基層連隊來說，指揮長蒞臨是何等大事，當大門警衛看到師長車出現，迅速通報營部、連部，所有弟兄緊急集合，每個人都站得筆直，畢恭畢敬地迎接師長。當指揮官座車抵達，車門打開，所有人異口同聲說：「指揮官好！」

大概沒有人會想到從車上下來的，居然是我。

當場並不見連長，原來他因為太過恐懼，躲到了床底下，就要副連長出面迎接，沒多久，營部的高級幹部紛紛趕到，看到是我，不免一臉錯愕。

副連長問我有什麼事，我據實以報，只是回來拿信，他們趕緊拿信給我，我也不敢久留，說了聲：「謝謝副連長。」就迅速上車，返回砲指部。

之前，連長一直希望我能早日歸建，經過這一次的事件，他知道我已非昔日任他欺負的小兵，從此就再也不提此事了。

在坑道口站衛兵時唱歌

我留在師級的政戰單位，整個辦公室，全是國立大學的大專兵，只有我是專科畢業。除了平日的文書工作、有時要站站衛兵，另外就是當指揮官的合音天使，可以說過得十分愜意。

唱歌，永遠是我最快樂的時候。有時我會利用在坑道口站衛兵時唱歌，照理來說，這是不符規定的，然而，或許是因為我的嗓音，加上坑道的迴音效果，讓軍官們聽得十分入迷，他們從來都沒有制止我唱歌，甚至還有位中校軍官，會刻意選擇在我站衛兵時，在附近的石階上，一邊聽我唱歌，一邊寫家書。

坑道口不遠處，就是禁閉室，經常傳出管教的吼叫聲，是軍中弟兄最害怕的地方。由於負責禁閉室的士官長曾向我透露，聽我唱歌是一件幸福的事，於是我們就私下約定，在我唱歌時，他就不管教禁閉生。因此，當我的歌聲在坑道中迴響時，禁閉室就是一片安靜。

我的歌聲，除了改變我在軍中的生活，也為我後來的職涯鋪路。因為調到砲指部，我認識了「金門文化工作團（即金門的藝工隊）」裡的成員，退伍之後，得到進入中國電視公司任職的機會。

多年後，我有時仍不禁問自己，如果當時沒有大膽站出去，為自己發聲，不知道後來在軍中會是何種下場？上帝的確給了我一副好聲音，但是，最後還是得靠自己的勇氣，才能讓世界聽到我的聲音。

第四章
流浪，在臺北

雖然驟失庇護，我並不悲觀，
因為我的性格，就是愈逢逆境，愈是不願意認輸，
我相信只要自己肯努力，
一定能為自己找到遮風避雨的那片屋簷。

父親曾經有一位軍中袍澤，情同手足，我都稱他「壽伯伯」。

壽伯伯任教於臺北的三軍總醫院，在汀州路上有一間宿舍，平時不住在那邊，主要作為課後休息之用。

退伍之後，我來臺北發展，父親首先想到的，就是找壽伯伯幫忙，讓我住在他的宿舍。

壽伯伯是個生活極為嚴謹，甚至可以說有點潔癖的長輩，我是鄉下來的孩子，生活習慣可能不是那麼好，或許鞋子沒有擺放整齊，或許衣物隨處亂擺，踩到了壽伯伯心中那條界線而不自知。

我住進壽伯伯宿舍不到兩個月後，他終於受不了了，打電話給父親，請我搬出去。

我在上班時，接到父親電話時，似乎也有了預感，當下就回應：「沒有關係，我已經找到房子了。」其實，當時的我，怎麼可能找到房子，說這句話只是給自己一個下臺階而已。父親說，既然找到房子，就早點搬出來，別再給壽伯伯添麻煩了。

放下電話，我馬上就趕回家，把行李收好，並留了一張紙條給壽伯伯，記得紙條上本來寫的是「謝謝你」，心想不對，把「你」改成了「您」，然後就提著我簡單的行李，離開了壽伯伯的宿舍。

當時的我，心中真是五味雜陳。記得上臺北之前，父親曾經拍胸脯告訴我，壽伯伯跟他是穿同一條褲子長大，他一定會好好照顧我，沒想到，才短短數十天，我就被掃地出門。從那一刻起，我告訴自己，不要再寄望別人幫助我，我只能靠自己。

那天下午，我背著行李，在臺北街頭漫無目的地走著，看著來來往往的人潮，每張臉孔底下，都有自己的故事。雖然驟失庇護，我並不悲觀，因為我的性格，就是愈逢逆境，愈是不願意認輸，我相信只要自己肯努力，一定能為自己找到遮風避雨的那片屋簷。

至於對於壽伯伯，即使他只收留我一個多月，我仍然心懷感激。只是，因為這件事，父親和壽伯伯的關係生變，幾乎可以說不再往來。

後來壽伯伯罹患了肺癌，住進了臺北榮民總醫院，他臨終前的最後心願，就是希望能再見我父親一面。那時父親住在嘉義，接到電話之後，立刻北上來見老友。當時壽伯伯已經奄奄一息，但是看到父親到來，他仍掙扎著要握住父親的手，兩位老人家熱淚縱橫，令人十分動容，陪同父親一起去探病的我，便悄悄地退出了病房……

事後，我常常省思，如果不是因為我，這兩位老友之間，應該不會有這麼多的遺憾吧。我也因為此事，領悟了一點：每個人的「家」是非常私密的空間，就屬於他和他的家人，外人不能輕易介入，甚至誤踩地雷，否則再好的朋友，友誼也會備受考驗。

當了半個月的遊民

離開壽伯伯的宿舍，在找到租屋之前，我曾經當了半個月的遊民，下班之後，就帶著行李，找可以睡覺的地方。我最常去館前路上二十四小時營業「吉野家」，不點餐，只用他們的座位。可能是我運氣好，常遇到好心的值班人員，沒趕我走，讓我趴在桌上睡覺。以當時的收入，根本吃不起店內的牛丼飯，只能偷偷挾一下免費提供的紅薑，再撒一點七味粉，讓自己小小解饞一番。

記得有位年輕的女店員，大概是覺得不忍心，悄悄送了碗味噌湯給我，讓我十分感動。我告訴自己，未來如果我有機會幫助別人，一定也要不著痕跡地送暖。

（至今，我對於館前路的「吉野家」有一分特別的情感，偶爾會抽空造訪，靜靜地坐在店內一角，回味那段年少的慘澹時光……）

在「吉野家」只能趴著睡，如果我想躺著睡，就得到臺北火車站外面，或是歷史博物館門前，鋪幾張報紙，小包包當枕頭，大包包摟在懷裡，跟其他遊民一樣，就這麼克難地度過一個晚上。

流浪在外時，洗澡很不方便，我曾經回到汀州路，想借壽伯伯的宿舍洗澡，不巧他人不在，我只好沿著羅斯福路一直走，走到了知名的「得記麵包」，架上琳瑯滿目的麵包，看得我食指大動，我在店裡逛了一圈，想找五塊錢以下的麵包，因為是我唯一負擔得起的價格，然而店內最便宜的麵包，也要八塊錢起跳，我只能空手離開。

後來，當我經濟能力改善後，出於補償心理，我特別回到得記麵包店，用了二個托盤，把麵包疊得像小山一般，拿到櫃檯結帳時，店員一臉笑意，大概是覺得這個男人怎麼這麼愛吃麵包啊……

那段時期的點點滴滴，我之前都不讓家裡知道，如果他們發現我在臺北過得那麼辛苦，一定會要我回嘉義。但是我很清楚，我在嘉義沒有什麼發展的機會，為了能夠繼續留在臺北奮鬥，我只能咬牙苦撐。

被老闆娘潑了冷水

退伍後，我的第一份工作，是在上揚唱片當殷正洋的宣傳。

在那個時代，坦白說，宣傳形同就是跑腿，主要是伺候歌手之用。殷正洋想吃麵包，我就得幫他買來，而且他還有指定的麵包店。

我願意「屈就」這樣的工作，當然有我的企圖。我知道自己的聲音不錯，要當歌手的夢想，即使無法一夜成真，但是只要我能靠近演藝圈，一定會有比較多的機會。

當時殷正洋在錄製一張專輯，製作人是曾經和曹俊鴻、翁孝良合組「印象合唱團」的陳復明，他在上揚自己的錄音室進行錄音。

有一天，在殷正洋休息時，我就利用空檔，進錄音室試唱了一下，陳復明聽到了，大感驚豔：「小邊，你的聲音很好哦。」第二天，他就向老闆娘張碧報告他的發現，老闆娘旋即把我叫進辦公室，很不客氣地說：「小邊，我們找你來上班，是要找宣傳，不是找歌手哦。」

原本還以為是否有出頭機會的我，當下被狠狠地潑了一桶冷水。

如果老闆娘說：「小邊，聽說你聲音不錯，你好好努力把宣傳工作做好，我再找機會聽聽你的聲音。」就算她只是敷衍我，我也能釋懷，但是她的態度卻暗指我無心於宣傳工作，只想著要當歌手，讓我感到十分氣餒。

不過，因為擔任殷正洋的宣傳，我經常有機會往電視臺跑，認識了一些演藝圈的人，他們告訴我，陶大偉在中視有個節目，需要一名助理主持人，推薦我可以試試看。於是輾轉透過介紹，我認識了該節目的製作人李典勇，也跟陶大偉見了面，彼此十分投緣，便從上揚唱片跳槽，來到了李典勇名下的製作公司。

在三百多人面前挨罵

我和陶大偉工作十分愉快，他在辦公室裡擺了一把吉他，沒事就會哼唱兩句，我有時就會幫他合音，逗得他相當開心。當時的我，可以說半隻腳都踏進演藝圈了，除了手上的助理主持工作，還有單元劇想找我去試鏡，一時之間，感覺自己的演藝事業似乎就要起飛了。

有一天，在化妝間，有一位女藝人喝醉了，正在大發牢騷，她看到了我，話鋒一轉：「小邊，我告訴你，演藝圈跟你想的不一樣，你要是聰明的話，還是早點離開比較好。」她這幾句話，讓我對於進入演藝圈的滿心期待，蒙上了一層陰影。

沒多久，就真的出現了狀況。

那次，一如往常，我們在錄製節目，現場有近三百位家長和小朋友，我因為臺詞背得很熟，可能講話的速度稍微快了一點，被導播糾正：「小邊，你剛剛講得太快了，聽不太清楚，我們再來一次。」一個連犯錯都稱不上的小事，卻惹得李導演大怒，他當著所有觀眾的面，用三字經把我狠狠臭罵了一頓，可以說是我從國中之後，遭當眾羞辱最嚴重的一次。

即使場面如此難看，我還是得跟陶大偉一搭一唱，強顏歡笑地把整個節目做完。然後，我就離開了攝影棚，找了間廁所，把自己鎖在裡頭。

「我做錯什麼了嗎？我只是把臺詞背得太熟，為什麼要遭到這樣的對待？」我一遍又一遍地問自己。

李導演事後大概也知道他發脾氣發過頭了，錄影結束後，急著找我。我在廁所裡，聽得到化妝室裡一陣忙亂：「小邊呢？你看到小邊嗎？製作人在找他！」

他們以為我可能先走了，還跑去問大門警衛，但是警衛說也沒看到我離開，大家都在找我，卻沒人試著來敲廁所的門。

總之，我在廁所待得很晚，離開時，攝影棚已經熄燈了。我望著空無一人的化妝室，女藝人說過的那幾句醉話，此時又在耳邊響起。

在那一刻，我的演藝夢幻滅了，夢醒時分，我又給了自己另一個期許：既然當不了一流的歌手，我就要當一流的廚師。

立志要協助血癌病童

我是一個設定夢想，就會努力實踐的人。

即使作夢和圓夢之間，必須花上很長的時間，我也會耐心地一步步走下去。

還記得國中畢業旅行時，因為我跟同學處得不好，晚上他們結伴同遊時，也不找我，我只好留在旅館看電視。

當時，我看的節目叫做《愛心》，那一集的主題是兒童血癌，介紹了花蓮的門諾醫院，看著電視螢光幕上血癌病童的臉龐，我哭了，才國三的我，心中埋下了一顆夢想的種子：未來只要有能力，我一定要為血癌病童做一些事。

二十年後，這顆種子終於開花結果了。

那次錄影時遭到的羞辱，加速了我想要離開演藝圈的決心，於是在事件發生的兩個月後，我辭掉了電視臺的工作，跳到《兒童日報》擔任活動企劃。

我選擇進報社，倒不是因為想當媒體人，而是為未來的餐飲事業鋪路。要開餐廳，當然少不了資金，我暫時放下了歌手的夢想，轉戰比較偏向業務性質的工作，《兒童日報》算是我的第一塊敲門磚。

《兒童日報》是由光復書局創刊，針對在學孩童所推出的一份報紙，在那之前，市場一直是《國語日報》獨大，採全彩印刷、強調油墨不沾手的《兒童日報》，在當時算是令人耳目一新的創舉。

我在《兒童日報》先是在活動企劃科擔任專員，因為工作賣力，表現還不錯，半年後就升為科長，此時，多年前那個為血癌病童做點什麼的想法，便浮上了心頭。

我寫了一份長長的企劃案，向上級建議，由《兒童日報》出面號召，舉辦一場為血癌病童基金會募款的慈善義演。上級覺得構想很不錯，只是擔心要花公司很多錢，但是我向他承諾，這個案子絕對不會花公司一毛錢。在我的再三保證下，公司給了我放手一搏的機會。

星光熠熠的慈善義演

不同於很多義演活動，是將演出收入捐為善款，我所採取的方式，是先進行募款，然後再由《兒童日報》出面主辦這場演出會，所有的觀眾是免費入場。

為了這個活動，首先，我向花蓮門諾醫院小兒血癌基金會調來了一張病童的照片，是個頭髮幾乎掉光、病容讓人感到不捨的女孩，搭配了我所寫的文案〈媽媽，別為我哭泣〉，製作出很有感染力的海報。接下來，我單槍匹馬，陸續找了義美、吉野家、松青超市、頂好超市，全家便利商店，爭取在他們的店裡張貼海報，並安置捐款箱。

一開始，我擔心反應會不夠熱烈，因此將募款期拉到了四十五天，最後結算時，卻募到了三百多萬元。記得在回收捐款箱、點算金額時，從其中一個捐款箱中，拿出了一捆用橡皮筋綁著的鈔票，都是百元鈔，共有五十張，我忍不住哭了，我不知道這位捐款人的經濟狀況如何，但是對方似乎真的體會到了我想幫助血癌病童的心意。

當時還有一段有趣的插曲：我們是從下午開始收募款箱，收完時，已是晚上九點，銀行早已關門，這麼大一筆金額的善款，便成了燙手山芋，本來想放在董事長辦公室，但是董事長以辦公室沒有保險箱而拒絕，後來便有人說：「小邊，你是主辦人，就先放你家。」經理一聽到此言，立刻就說：「那麼，我今天晚上就睡小邊家。」我一時轉不過來，還以為經理顧慮我的安危，頻頻強調：「經理，沒問題，不必擔心我。」後來才想到，他的顧慮應該是，我可能會跟錢一起消失吧。

募款結束之後，重頭戲便是這場取名為「讓快樂分享，將愛心隨風飄」的義演，地點選在板橋縣立體育館，共襄盛舉的大牌藝人很多，像是王傑、小虎隊、蔡琴、殷正洋、藍心湄等，像「二姊」江蕙，我原本沒有邀她，是她聽說了有這場義演，認為立意良好，主動響應參加演出。

星光熠熠的名單中，最搶眼的就是張雨生，當年他一首〈我的未來不是夢〉紅遍全臺，沒多久就去當兵了，要從部隊中把他調出來，談何容易。慶幸的是，我在金門當兵時，有位政戰部的主管十分疼我，退伍後，我們仍有聯絡，後來他調到了國防部的政五，因為張雨生在藝工隊，正好是他的管轄範圍，我便請他幫忙。這位長官一聽到我一開口就是要張雨生，苦笑著說：「這一位難度最高了。」不過，他還是幫我寫了簽呈，或許也是上天願意成就這樁好事，張雨生順利成為這場表演的意外嘉賓。

義演的酬勞是五千元，不過，大部分歌手都選擇捐出來，因此扣掉了場地費、印製海報、以及製作捐款箱的費用，最後還能捐出三百萬給門諾醫院。正如我事先的承諾，整個活動沒花到公司一毛錢，卻為企業印象加了不少分，後來很多臺北縣的學校都加入了訂報行列。

一天只靠兩餐度日

我在《兒童日報》大約兩年，這場慈善義演，應該算是這段期間的代表作，而我也藉這個機會，完成了國三那年的心願。同時我也意識到，接下來，我必須開始邁向另一個人生的大夢，就是開一家一流的餐廳。

而這圓夢的過程，又是一場漫長的苦戰。

剛開始在臺北打拚那幾年，每次打電話回家時，我總是跟家人說，我過得很好，請他們不必擔心。

其實，我的經濟狀況非常拮据。

我的第一份薪水是一萬五千元，因為在中視工作過，後來到《兒童日報》時，薪水多了三千，是一萬八千元。

在三十多年前的臺北，拿這樣一份薪水，如果是單身，也許還算過得去，然而我妹妹卻來臺北投靠我，我無法置之不理，只好租了一間位於頂樓、有兩個房間的公寓，房租一個月是一萬兩千元。

扣掉房租，我的薪水只剩下六千元，而且我還得給妹妹零用錢，可以用在自己身上的預算，真是非常寥寥無幾。

此時，妹妹又提出了要求：「二哥，我要一台鋼琴。」妹妹都開口了，我也不能不幫她完成心願，即使手頭很緊，我還是用自己有限的積蓄，再加上跟同事周轉，幫妹妹買了一台大約七、八萬的鋼琴。

因為我對於妹妹，幾乎是有求必應，難怪她後來向老公介紹我時，還打趣說：「他不是我哥，是我爸。」

因為荷包很薄，逼得我必須小心翼翼地花手上的每一分錢。像最基本的吃飯，每天我只吃兩餐，早午餐是白饅頭配辣椒醬，以及一杯鹹豆漿，晚餐則是去南陽街，那裡有四到五家自助餐店，不但平價，而且白飯及熱湯可以無限供應，白飯甚至可以淋上肉汁，讓人垂涎三尺，所以每天晚上，在南陽街一定能看到我用餐的身影。

當年每天報到的早餐攤，二十年後，我回去過一次，老闆娘還是同一個人。我仍然點了白饅頭、鹹豆漿，然後拿起桌上的辣椒醬，抹在饅頭上時，我發現老闆娘浮現了一抹微笑，我相信她一定還記得那個每天吃饅頭配辣椒醬的年輕人。

那段日子的洗禮，除了練就出我挨餓的「本領」，也養成我省吃儉用的習慣，一台破機車騎了多年，即使我開了自己的餐廳，經濟狀況也大有改善，我還是捨不得換掉，直到女兒向我抗議：「你再不換車，我就不叫你爹地了。」我才勉為其難地買了新的機車。

當我住在那位於頂樓的公寓時，鄰居就是歌手薛岳。我們第一次見面，是在深夜下班回家時，突然看到陽臺上，有個披著長髮的人影，真把我嚇了一跳。認出他之後，因為地緣之便，晚上我們經常有機會聊天，而薛岳就會把他新作的歌曲哼唱給我聽。他的名曲〈如果還有明天〉在發行之前，我們就曾經一起針對曲調作了一些琢磨；我建議薛岳，尾音可以不要處理得那麼像流行歌曲，而他也接受了，因為他對音樂本來就有自己的想法，不想作一般的流行音樂。

日後，每當我唱起了《歌劇魅影》中的那首〈夜之韻（The Music of the Night）〉時，便會想起那段跟薛岳當鄰居的日子，我不敢說自己跟他是莫逆之交，但是那些深夜與音樂有關的談心，就像是恆久不變的星星，始終在我心頭的那片夜空中，閃閃發亮著。

第五章

走過生命的幽谷

憂鬱症一定有藥可治，
只要醫師和患者能夠緊密配合，
找出最適合的藥物，
我們都能走過生命的幽谷，繼續開創精采的人生。

我在《兒童日報》任職時，一場慈善義演辦得風風光光，卻也為自己樹立了不少敵人。

一來，人紅是非多。我進《兒童日報》沒多久，就獲得拔擢，成了最年輕的主管，難免引起側目，而我平時又不太跟同事應酬，他們下班了約吃飯喝酒，一開始會說：「小邊一起來。」我婉拒了幾次，他們就不會再約了。其實我沒跟他們去吃吃喝喝，主要跟我的經濟狀況有關，我既然沒本錢揮霍，就別讓自己養成揮霍的習慣。

同事聚餐，一向是辦公室文化的一部分，我總是缺席，無形中也跟大家的關係愈來愈疏離，而且我深入市場之後，發現《國語日報》的龍頭地位實在難以撼動，《兒童日報》的成長空間有限，根據我的判斷，應該撐不了多久。

另外，當時的我已經下決心要開餐廳了，資金至少要三、四百萬，以我在《兒童日報》的薪水，要賺到創業的第一桶金，真的是太緩慢了，經過各種評估，我要離開《兒童日報》，已是勢在必行了。

見識職場人情冷暖

之前我因為工作，認識了《中央日報》的某位同行，他曾經對我說：「我們《中央日報》如果有你這樣的人才就好了。」我還信以為真，決定轉換跑道時，便打電話給他，說了自己的想法，對方連聲說：「沒問題，我規劃一下，確定了之後再跟你聯絡。」從此就再也聯絡不上他。

上了人情冷暖這一課，倒也讓我下了決心，下一份工作，不但要換公司，而且也換產業。我給自己設定的目標，是要能夠快速賺錢的工作，簡言之，就是當業務員。

當然，業務的領域很大，像保險業務員就是其中之一，我沒有選擇從事保險業，跟之前某個經驗有關。

還沒退伍前，我在報紙上的求職欄，看到了一份找文書的工作，便寄了履歷去。後來收到了回音，信是寄到我嘉義的老家，父親先幫我收了信，很興奮地跟我說：「信封是用毛筆字寫的，應該是家很不錯的公司。」

那，就是一家保險公司。

退伍後，我就依約前往報到，一進辦公室，便發現了有幾點異狀：首先，我分到的辦公桌都沒有抽屜，這要怎麼辦公？其次，公司不是找文書嗎？怎麼來了那麼多人，而且都是年輕的面孔。沒多久，公司方面就說，我們雖然是從事文書工作，對保險也得有概念，所以先安排去上課，上午的課程結束後，每位新進同仁都有一個便當。發便當的人，不但是用雙手將便當拿給我，而且還跟我深深一鞠躬。

「我們只是剛出社會的年輕人，為什麼要對我們這麼恭敬？」我愈想愈覺得不對勁，後來藉口要到樓下打電話，就跑掉了，連那個便當也沒吃。

我後來的推論是，上完課，公司應該會跟大家說，既然進入保險業，怎能不買個保險，那些留下來沒走的人，不買保險，大概很難脫身，保險公司只要付一些便當的錢，就能賺到這些人的保險費，的確是很高明的手法。

因為那次事件，我對保險業保持著比較質疑的態度，而且我實在不是個能向自己家人推銷保險的人，所以就沒把保險業列入就業的考慮。

當然，這是我當時的想法，近年來，保險業務員已經變得專業許多，如果我的女兒想走這一行，我會樂見其成。

那時候，我的首選是藥廠的業務代表，因為抽成的獎金非常高，但是要從事這份工作，基本上都需要有藥學背景，這一點正是我的致命傷，只好轉而求其次，進入了一家從事醫療器材的公司當業務代表。

當我打電話給父親，告知他我要離開《兒童日報》時，還挨了他一頓罵。在他眼中，《兒童日報》的工作很穩定，我可以待一輩子。但是，我知道，在《兒童日報》待得愈久，我跟夢想的距離就會愈來愈遠，只有斷然離開，才能有新的開始。

成為傷友買彈性衣的首選

二〇一五年六月，發生了震驚全臺的八仙塵爆事件。

從電視上，看到好幾個年輕生命因此殞落，真讓人感到相當不捨。對於倖存者，我其實更為心疼，因為我知道，這些孩子接下來將面對多麼艱苦的歷程。

因為，我曾在醫療器材公司當了十二年的業務代表，主要的產品，是像燙傷患者所用的彈性衣這一類耗材，因為客戶就是燙傷患者，他們的痛楚，我當然是再了解不過了。

公司名稱是「生展」，老闆是香港人，規模不大，只有六個人，我進去沒多久，就成了王牌業務員，每個月的業績都破百萬，原因無他，因為我懂得作好服務。

我雖然書念得不好，無法擁有漂亮的學歷，但是老天爺似乎給了我另一個本事，就是懂得察言觀色、站在他人的角度思考，讓我可以在部隊中翻身、成為《兒童日報》最年輕的主管，從事業務工作時，更是將這份特質充分發揮，把自己變成客戶的最佳選擇。

舉例來說，在二十多年前，燙傷患者所用的彈性衣，價格不菲，隨便就是三萬塊錢起跳，難免會有患者負擔不起，我不會因為這樣就置之不理，而是幫對方找社福機構尋求協助，如果連社工都幫不上忙，我就用送的，照理來說，老闆應該會說話，但是我每個月總是能業績達標，他也只好睜一隻眼、閉一隻眼。

一般來說，彈性衣穿上三到四個月，彈性就會開始疲乏，站在廠商的立場，當然是希望客人再買新的來穿，然而我會評估傷友的經濟狀況，如果對方真的負擔不起，我就會幫忙換個拉鍊、調整一下，減少換彈性衣的次數。

不少業務人員成交之後，服務就結束了，但是我總樂意為客戶做得更多。記得我曾經服務過一位女性客戶，她因為捲入感情的糾紛，遭人潑酸，不但失明，而且毀容，身體也有多處灼傷。燙傷患者的疤痕會攣縮，需要定期復健，因為我跟這位傷友的家人關係不錯，就經常騎了兩個小時的機車，到蘆洲幫她作復健，前後維持了一年多。

這位傷友平時躲在家裡，我每次去幫她復健，同時也陪她聊聊天，應該也算是為她的世界打開一扇窗，有一次她說想出去走走，我就招待她到家裡坐坐，她一進門，就說：「你家裡有幸福的味道。」

後來，因為我工作實在太忙，就沒有再過去幫她復健了，這位傷友有很愛她的父母，我相信她會獲得很好的照顧。

我始終相信，只要你對別人好，對方一定能感受到。我處處幫傷友著想，傷友也對我很死忠，一直固定用「生展」的產品。有位臺大醫師，一看到病人穿的是「生展」的彈性衣，臉色就會很難看（因為我們沒有付他回扣），而這群傷友寧可換看其他的醫師，也不願意換產品。

周旋在「白色巨塔」之中

因為我對傷友的服務做得很好，口碑傳開後，業績自然就直線上升。然而，我要服務的對象，除了傷友，還有醫師。

在醫院中，存在著各種外人看不見的各種潛規則，比方說，有燒傷傷友需要購買彈性衣，市面上有數家廠牌，一時也不知道從何選起，此時醫師的推薦就很重要。醫師如果跟你的關係好，願意幫忙介紹客人，就會有生意上門，不難想像，每一位業務代表都會絞盡腦汁來討好、拉攏醫師，而醫師難免就會擺出高姿態，把業務代表當自己僕人使喚。

我曾經去拜訪某大醫院的知名整形外科醫師，在外頭苦等她好幾個小時，總算有機會進入診間。我們這一行的標準動作，就是會給醫師一盒名片，再請對方轉介給傷友。當我恭恭敬敬地把名片放在這位名醫的桌上，她不耐煩地手一揮，將整盒名片打散一地，我只好蹲下身，把名片一張張地收拾起來。當下我就告訴自己：「我不會做這位醫師的生意。」一個不懂得尊重他人的人，無法贏得我的尊重，做不了她的生意，我就去找別的出路。

長時間周旋在醫院之中，我早已看盡了「白色巨塔」中的種種生態，很多人頂名醫光環，要回扣時，可是獅子大開口，一點都不手軟，我雖然要求自己把服務做得面面俱到，但是堅持不給醫師回扣，就只能把服務做好來作為另一種回饋。

平時低聲下氣、隨傳隨到，是基本動作，曾經有醫師上酒店，半夜兩點叫我去買單，或是把水、電帳單給我，要我幫忙繳費，事後對方就當作沒這回事了，我當然也不好意思再催款，這筆錢就當作公司的公關費消化掉了。

除了要幫忙付錢、跑腿、當司機，還要陪著演戲。曾有一次，一位已婚的醫師跟女朋友幽會，正好老婆出國回來，他沒辦法接機，我只好出面當接送小弟，還得臉不紅氣不喘地說：「不好意思，大哥正在手術中。」其實，對方早就心知肚明，淡淡一句：「我早就知道會是你來接我。」我也只能苦笑。

從某個角度來看，這些醫師雖然沒拿回扣，還是藉機會揩油。不過，我寧可讓他們占便宜，也勝過給回扣，因為我認為，給回扣是犯法的，而且同行之中，不乏護理人員出身的業務代表，本來跟醫師的關係就好，就算給回扣也很難跟她們競爭。

我因長期面對燙傷傷友，很了解他們在身心煎熬外，還要負擔彈性衣的經濟壓力，我認為，彈性衣不能當作生意，而是應該回歸到社會公益服務上。因此在工作第十一年時，我說服老闆將彈性衣的製作技術轉移給陽光基金會，公司則轉型去做塑身衣，也賺了不少錢。如今，女性塑身衣已是熱門商品，說起來，當年我們還是這塊市場的先行者。

掉進憂鬱症的黑洞

從小，我就是個天性樂觀的人。不論是童年時被父親拳腳相向、當兵時遭學長欺凌，或是退伍後在臺北街頭流浪，再辛酸的日子，都不會讓我失去生存的意志，心情不好時，只要哼哼唱唱，自然就能雨過天晴。

然而，在我三十四歲那年，世界突然失去了色彩，一個無邊的黑洞從我腳下裂開。我，罹患了憂鬱症。掉進憂鬱症的黑洞之後，快樂從此跟我絕緣，即使連唱歌都救不了我。

要說發病的原因，我猜大概是那一陣子，大哥、妹妹都陸續有了狀況，需要我出錢出力。我出錢還是小事，出面調停的結果，家人又不滿意，迭有怨言，讓我覺得裡外不是人。

當初會走業務這一行，就是為了快速賺錢，盡早圓我開餐廳的夢想，卻因為幫助家人，賺到的錢只好再撒出去。工作、家人、財務上的壓力，形成了一個無形的枷鎖，漸漸讓我失去了活力。

人的大腦本來會分泌腦內啡、血清素等化學物質，帶來「快樂」的感覺，當承受的壓力太大，造成分泌的機制失靈了，即使是原本多麼陽光開朗的人，也會變得情緒低落，整個人陷入愁雲慘霧之中。

罹患了憂鬱症後，我沒辦法吃，沒辦法睡，生活失去了意義，每一天好像只是等待日出，然後等待日落，而接下來則是無盡長夜的到來，完全無法入睡的我，夜裡的每一分、每一秒，都是一種煎熬。

世界上有很多種疾病，但是，我認為憂鬱症是最痛苦的一種，彷彿只有死亡才是解決之道。表面上，我和一般人無異，然而內心卻是一片荒漠，我不想活了，卻又沒勇氣自殺，每活過一天都像是一個奇蹟。

發現自己不對勁後，我去看醫師，也吃了藥，但狀況一直沒有明顯改善。我被憂鬱症纏身大概兩年後，某一天，記得是紐約九一一事件之後，我起床後，突然覺得自己好像看見陽光，肚子似乎也隱隱作餓。

很奇妙的是，我的憂鬱症就這麼好了，雖然我也不清楚為什麼會突然康復。重拾健康之後，我就開始著手創業，打造我自己的餐廳。

吃對藥就能浴火重生

四十五歲那年，因為餐廳的經營出現了瓶頸，加上我遇到了一些惡質的員工，受了不少氣，原本以為已經遠離的憂鬱症，再度找上了我。

一開始，我還是吃之前醫師開給我的藥，但是完全沒效，我還是痛苦到想要求死。後來，我透過介紹，找到了黃偉俐醫師。深談之後，他認為之前可能是因為讓我發病的「壓力源」消失了，才會有「不藥而癒」的感覺，其實我的病並沒有真正康復，幾年之後，當「壓力源」再度讓我喘不過氣來，憂鬱症就復發了。

坦白說，第二次發病，自殺的念頭更為強烈。三十四歲的我，雖然痛苦，想到事業未成，家人還需要我照顧，再怎麼想死，還是會靠意志力堅強熬過去；四十五歲的我，餐廳已經開了，也小有積蓄，靠著我留下來的錢，家人應該可以衣食無慮，既然責任已了，就更沒有活下去的動力。

黃醫師先開了一種藥物給我，兩週後回診，他問我狀況如何，「我食慾變得更差，而且更想要自殺。」我如實稟告。聽了我的心聲，黃醫師立刻下決定，幫我換另一種藥物。

這一次，在服用的第二天中午，我突然跟助理說：「我肚子好餓。」助理一臉愕然：「你是吃了仙丹了嗎？」會出現這麼驚人的效果，只是因為我用對了藥物。

原來，抗憂鬱症的藥物有七大類，對應不同的發病機制，應該用不同的藥，很多人長期服藥，卻不見效果，其實是因為沒吃對藥。如果，醫師能夠耐心地幫病人嘗試不同的藥物，並透過回診來確認效果，很可能像我一樣，因為吃對了藥，短時間內就有明顯的好轉。

黃醫師幫我開的是國產藥，就已經有這麼好的效果，於是我去找了之前幫我看診的詹佳真醫師，請她幫我查出原廠藥的名稱，拿著她開的處方箋，買到了原廠藥，服用之後，果然效果加倍，原本已經奄奄一息的我，突然間又充滿了能量。因為用對了藥物，這次我所受的憂鬱症之苦，只有三個月左右。

發病時的我，原本對餐廳經營已無熱情，抱著「就開到開不下去為止」的消極心情，康復之後，我如同變了一個人，不但打算要擴大餐廳格局，更積極地為個人生涯設下了一連串的計畫。

我，彷彿浴火重生了。

這幾年來，在報端讀到不少憂鬱症患者輕生的新聞，其中有不少還是「人生勝利組」，最後都難逃病魔的折磨，身為過來人的我，真的很想告訴他們，憂鬱症一定有藥可治，只要醫師和患者能夠緊密配合，找出最適合的藥物，我們都能走過生命的幽谷，繼續開創精采的人生。

第六章
我的餐廳我作主

廚藝好並不代表懂得經營餐廳，
一家餐廳要走得久，內部管理很重要……
關於做餐飲生意，邊家傳下了一個家規，
就是身為掌櫃，
絕不可以在自家店裡，享受客人般的待遇……

很多人認識我，是因為邊田庄這間餐廳。餐廳的名稱，也就是我父親的名字。

決定開餐廳之後，就開始構思該取什麼名字，前前後後也想了一、兩年，考慮過的店名包括了江浙園、邊家莊等；又聽父親說，在家鄉祖父曾經開了間叫做「水磨坊」的豆腐店，也想過要不要延用這個名字，不過，「坊」這個字有人讀輕音，有人讀第一聲，沒有個統一的念法，加上這個名字比較容易讓人聯想到賣豆腐，後來還是放棄了。

有一天，收到了大陸的親戚寫給父親的信，我看到信封上工整的「邊田庄」三個字，突然覺得，念起來好像是個餐廳的名字，作為我創業的品牌，再適合不過了，就趕緊去中央標準局，把這個名字註冊下來。

用父親的名字來創業，除了這個名稱本身夠響亮，多少也代表了是對父親手藝的傳承。

遺傳自父親的好味覺

要當一名好廚師，需要敏銳的味覺，而我在臺灣餐飲界立足的利器，就是我的味覺。

以前並不覺得自己的味覺特別好，退伍後在臺北工作，經常有機會外食，漸漸發現，很多大家都說好的餐廳，我吃起來，卻是不過爾爾，食物中若是放了太多人工添加物，我的舌頭馬上就感覺出來。

開了餐廳之後，我甚至還有了個「特異功能」，每當師傅做好了菜，要端出來之前，我光是用鼻子聞，就能判斷這菜的味道是太淡，還是太鹹。

我的好味覺正是遺傳自我父親，他不但懂吃，也很會燒菜，因為他很重視晚餐，所以每天都是他下了班，親自燒出一桌菜來給家人吃，而他覺得不那麼重要的中餐，才會交給母親打理。

父親的好手藝遠近馳名，記得小時候，常常有嘉義市的地方民代到我家來討東西吃，他們最愛的就是父親做的雜菜麵。這道菜，其實就是把晚餐吃剩下的食物煮成一鍋，卻能夠讓那些經常吃好料的民意代表念念不忘，可見得父親做菜，真有兩把刷子。

要說父親的拿手菜，真是細數不完，他最厲害之處，就是把看起來很簡單的家常菜，做得非常好吃，像邊田庄現在有道招牌菜「杭州魚麵」，就是來自父親，說穿了，不過就是麵條加上新鮮魚湯，這麼簡單的菜，從他手上端出來，其清淡鮮香的風味，即使我現在努力複製，也遠遠難以企及。

連蔣故總統也蒞臨用餐

當年家裡雖有父母親兩份薪水，但是要養三個孩子，加上哥哥和妹妹各種補習、家教的費用不少，為了貼補家用，父親在下班後，把他的手藝當作生財之道，做起了賣吃的小生意。

一開始是天橋下的水餃攤，有點規模了之後，就開起「北平半畝園」，主打北方麵食。不過考慮到只賣餡餅、蒸餃，獲利有限，父親決定再加賣熱炒菜色，名稱也改為「邊記江浙園」，成了當地小有名氣的江浙菜餐廳，連蔣故總統經國先生也曾經蒞臨用餐。

家中的三個孩子，就數我對做餐飲還有點興趣，到臺南念五專時，每逢寒暑假，就會回自家的店裡幫忙。店其實是間小店，廚房除了父親，就是一個麵點師傅，一個熱炒師傅，至於外場有三個人，其中一人是母親，而我則是廚房、外場都要幫忙，既要幫麵點師傅桿麵皮，又要招呼客人，忙得分身乏術。

雖然我是老闆的兒子，但是父親把話說得很清楚，他要師傅別給我特殊待遇，師傅的確也沒對我客氣，有時候廚房的事沒做好，他們就用擀麵棍往我頭上一敲，敲得我滿頭金星，還是得忍著痛，繼續完成手邊的工作。

不過，要說到最辛苦的事，還是冬天洗碗，兩隻手泡在又冰又刺的水裡，皮膚凍成了紫紅色，真是痛苦不堪，即使戴了手套，冷水還是會流到手指間。現在回想起來，還是會頭皮發麻，我創業之後，很早就買了洗碗機，多少跟那段記憶有關。

當時擔任外場的母親，平時還在公賣局上班，而晚上還要忙家裡的事，一支蠟燭三頭燒，忙碌可想而知。她脊椎不好，久站會不舒服，但是她在店裡幫忙時，從來沒讓客人看見她的不舒服，讓我覺得她實在是位了不起的女性。

因為投入了家裡的餐廳事業，我在耳濡目染之下，無形中也影響了日後自己開餐廳時的風格。記得父親常耳提面命我一件事，把本分做好，但是不要跟客人生張熟魏，因為當你跟客人走得太近，客人就會希望可以打折，而前例一開，其他客人也可以提出要求，最後就會影響餐廳的營運。

邊田庄開幕以來，不打折是傳統，曾經有位老客人要求打折而未能如願，幾乎是悻悻而去，但是我還是堅持，把菜色和服務做好，才是經營餐廳的王道，後來即使有競爭對手祭出折扣戰，我仍然不為所動，而事實也證明，用折扣來吸引消費者的餐廳，很難活得長久。

以商務聚餐作為餐廳定位

多年來，我的夢想，就是讓世界聽到我的聲音。懷抱著這個夢想，我一路走到了中年，自己很清楚，要圓夢，一定要有策略，我已經放棄了進演藝圈闖蕩，也不想走街頭賣唱一途，我的策略就是，成為一個傑出的廚師和餐廳老闆，然後在餐廳唱歌給客人聽，可以這麼說，早在開邊田庄之前，「美聲主廚」的概念就在我腦海中，開始有了雛形。

在醫療器材用品公司當業務員時，我除了存錢，作為日後開餐廳的資本，同時也反覆揣想著，自己要開一家什麼樣的餐廳。

我是個有行銷思維的人，因此，當我計畫要開餐廳，第一步就是為我的餐廳定位，而長年從事業務工作，我常常為了找一家適合商務用餐的餐廳而頭疼，從自身的經驗出發，我相信有相同煩惱的業務員一定不少，而這樣的需求，就成了我開餐廳的利基。

找到了定位，接下來就是「賣什麼」。考慮到多數人吃中餐的機率，遠大過西餐，所以我決定做中餐。至於要賣什麼，在餡餅、煎餃、小籠包之間，我便做了審慎的評估。在父親的餐廳裡，我吃過餡餅的苦頭，深知餡餅必須現包現做，而且餡餅不能放，只要放超過二十分鐘，就會軟掉，所以我一開始就不考慮餡餅，至於煎餃和小籠包，根據我平時向周遭的人做市調，發現後者比較有人氣，便決定主打小籠包，並搭配一些熱炒，最初有十二道菜色，像是芝麻牛蒡、醋溜魚片、茄子燒肥腸、蚵仔燴絲瓜等，我戲稱為邊田庄的「十二金釵」。

雖說父親之前做的是江浙菜餐廳，但是我並不想畫地自限，在中華料理的大前提下，什麼菜好吃，我就做什麼菜，像邊田庄名菜之一的水煮牛肉，就是川菜。

隨著餐廳的藍圖愈來愈清晰，加上資金也到位了，接下來，很重要的一個任務，就是尋找合適的店面。

遇見心中黃金店面

邊田庄的第一家店，開在建國北路上，當初能找到這個店面，是運氣，但是拿下這家店，則是靠毅力。

在那之前，我騎著機車跑遍了整個臺北市，始終找不到滿意的店面。某個星期六下午，正當我跑得筋疲力竭時，突然發現路邊有家高爾夫球用品店，正好要結束營業，掛出了「出清」的布條，當下眼睛為之一亮。

由於我一開始就以「商務人士的餐宴場所」作為餐廳的定位，因此附近是否有足夠的停車空間，就成為我在尋找店面時，很重要的考量。眼前這個店面，對面就是建國高架橋停車場的入口，而且還是個位於路口的「三角窗」，是我心中開餐廳的黃金地點。

興沖沖地踏入那家高爾夫球用品店，女店員得知我不是進來買東西，便對我愛理不理，不過，我好說歹說，還是從她口中問出房東周伯伯的聯絡方式。

周伯伯家底頗豐厚，名下的地產不少，房子就算放著沒人租，他也不在乎。我前兩次打電話給他，他一聽說是要租來開餐廳，二話不說，就把電話掛了，我打第三次時，他一聽到我的聲音，就說：「又是你，我不是說不租給做吃的嗎？」語氣非常不耐煩，「我現在在打高爾夫球，你不要來吵我。」

我之前在醫療器材公司工作時，經常得陪客人打高爾夫球，對於每家高爾夫球場的地點，都了然於心，一聽到周伯伯人在淡水，我知道他在哪家球場打球。

「周伯伯，那麼，我去找你，好嗎？」他一聽到我這麼說，立刻就掛掉了電話。我從事業務十幾年，早已不把拒絕當一回事，還是跑去球場找周伯伯。他球打到一半，被櫃檯的工作人員請出來，原本臉色相當難看，而我的應對之道，就是把姿態放低，用最誠懇的態度，訴說我想要開餐廳的理念。接下來一個星期，我也天天打電話給周伯伯，在我的鍥而不捨下，終於贏得了他的支持。

周伯伯不但把店面租給我，邊田庄在建國北路的十二個年頭，他從來沒漲過房租，我們要搬到松江路時，他還送了恭賀的花籃。

邊田庄能有今天，我遇過不少貴人，周伯伯即是其中一位，回想當時在淡水的球場，原本怒氣沖沖的周伯伯，最後願意幫助我這個沒有什麼背景的年輕人，我沒有什麼了不起的奇招，就只是讓他瞭解我的夢想。

周伯伯對我的恩情，我會一輩子謹記在心。後來，當我要搬離建國北路的店面時，也不忘投桃報李，牽線安排知名廚具公司進駐，租金立刻翻倍。

逆轉中餐廳的傳統形象

二〇〇二年三月，第一家邊田庄在建國北路上誕生，試著為中華料理餐廳創造出與眾不同格局。

開店之前，我曾經多次到其他知名的中餐館考察，除了高檔的宴席場所，發現多數都是維持著比較傳統的面貌，環境不夠明亮，往往也透著一股油膩感，服務人員通常就只是負責幫客人點菜、送菜，幾乎沒有服務可言。

有著市場概念的我，決定走一個完全不同的風格，客人來邊田庄雖然吃的是中餐，用餐環境卻像是西式牛排館，而且要落實「服務」兩個字，真正做到「以客為尊」。為了吸引客人的目光，我還讓妹妹和乾弟弟打扮得像新郎新娘，拍了美輪美奐的宣傳照，一人手捧小籠包，一人手持筷子，就擺在門口，這也是一般中餐館少見的宣傳噱頭，有路人經過還進來詢問：「你們開的是婚紗店嗎？」

因為每個環節都經過了深思熟慮，所以邊田庄一開幕，沒幾個月，就幾乎是天天高朋滿座。生意好到沒多久，我就把隔壁店面也租了下來，一年多後，我又開了邊田庄的信義店。

當然，風光的背後，隱憂也在悄悄醞釀中。

我雖在父親的餐廳工作過，對料理也有自己的概念，然而，畢竟我沒有受過完整的廚房訓練，創業之初，廚房的事還是得交給有經驗的中餐師傅。

當年，從事中餐的師傅，通常都比較有「江湖味」。他們剛來邊田庄上班，頭幾個月，對我這個老闆還有三分敬意，所謂「親則生狎，近則不遜」，一旦大家混熟了，加上覺得我的廚藝不如他們，態度就慢慢變了，人前還會稱我老闆，人後就用三字經問候我；原本看到我出現，會把手上的菸摘下來，後來完全沒把我放在眼中，嘴上叼著菸跟我講話。

成立邊田庄信義店時，有一些食物就必須採用配送的方式，因此必須要買一輛配送車，我和車廠業務員談購買的車款時，人高馬大的廚師長也在一旁出意見，我認為買自排車比較方便，廚師長則想買手排車，覺得開起來比較帥，談到後來，廚師長把水杯重重擺在桌上，人就離開了。我過去問他：「怎麼了？」他只是冷冷地回我：「你是老闆，當然你說了算。」

我當了十二年的業務代表，深知人只要像隻哈巴狗，懂得跟客戶低聲下氣，就可以接到生意，日子可以過得很好，然而，我選擇開餐廳，就是不想再過那樣的人生，這是我的餐廳，當然我才是主人，怎麼能容許廚房師傅爬到我頭上。

員工集體「兵變」

當員工眼中已經沒有我這個老闆，我也自有應付的策略，一是練功，二是清理門戶。

首先，這些員工看輕我的原因之一，就是認為我廚藝不精，所以我利用空檔勤練廚藝，比方說，我原本連「翻鍋」都不會，就向他人求教，他們教我先用米練翻鍋，然後用鹽，最後再用麵粉，因為麵粉會吃鍋子，難度最高，連麵粉都能駕馭了，代表已經能精通翻鍋技巧。

剛開始，這些師傅以為我這個老闆只是說說，也沒多加防備，等到他們發現我是玩真的，廚藝突飛猛進時，後悔已經來不及了。

其次，我開始有計畫地讓不適任的員工離開。其中一位在一氣之下，說服了另外兩名主廚、兩名學徒，還有一名外場人員，跟他一起離開。

當時，其中一名離職成員跑來跟我說：「老闆，如果你願意跟我們談一談，或許事情就不會變成這樣了。」我只問他一句：「你離職單簽了嗎？」他點點頭，我就告訴他，既然簽了離職單，就一切免談了，我只祝他們未來一切順利。

這群集體離職的員工，後來在邊田庄附近開了家江浙菜餐廳「秋月堂」，擺明了就是要跟我打對臺。「秋月堂」剛開幕時，生意的確不錯，我妹妹還很緊張，打電話來提醒我大事不妙，我神閒氣淡地告訴她，憑我對他們的了解，他們的榮景很難持久，果然短短幾年，「秋月堂」就關門了。

為什麼我這麼篤定他們難成氣候？理由很簡單，廚藝好並不代表懂得經營餐廳，一家餐廳要走得久，內部管理很重要，那群離職員工的問題就在於缺乏倫理觀念，他們自立門戶後，內部管理一定也會出現狀況，果然開店沒多久，就發生爭執、拆夥，結束營業是可預料的結果。

用人首重倫理

這次事件，也影響了我後來的管理風格。

日後我在用人時，在對方的專業能力之外，更重視有無倫理觀念，跟我工作面談時，態度輕慢，甚至還翹起二郎腿的人，好像他才是老闆，這種人就算是廚藝再厲害，我也不會錄用，而員工來到邊田庄之後，若是行為不當，或是逾越了我心中那條倫理的線，我就會暗示他離開，甚至是付資遣費請他走人。

之前有位員工向我提出建言，他認為我不應該讓外場的資深阿姨還要負責在櫃檯接電話，這等小事交給年輕妹妹即可。他說話的語氣非常不客氣，開口閉口就是「你啊」，就像是在跟平輩說話。於是我告訴他：「聽說你女朋友從事保險業，我認為你應該去跟她當同行，這麼一來，你就能理解電話行銷是何等重要的事。」他聽出我話中的含意，後來就自己提了辭呈。

我在乎的倫理，不僅是上下從屬，還包括了男女之間。店裡的員工，只要是男未婚，女未嫁，而且感情的發展不影響工作表現，我都會予以祝福，若是其中一方已婚，還在店裡製造花邊，我就無法允許。

我以同樣的標準要求自己。曾經有位女性的外場人員，會有意無意貼近我，向我示好，有一次，甚至藉故來碰觸我的手，在我眼中，她的行為就是「踩線」了，而我的處理方式就是資遣她。

從外人的角度來看，或許覺得我不近人情，但是，我肩負著邊田庄這個品牌，以及近五十名同仁的生計，為了做好餐廳的內部管理，鐵腕政策絕對是必要的。

收掉分店的教訓

除了員工集體離職，甚至還合夥開了家店來打對臺，信義店收店，也是創業初期一個很重要的教訓。

其實，父親很早就提醒我，開餐廳不要太貪心，腳步沒站穩就別急於擴張，然而建國店的生意太好，我開始有點得意忘形，忘了父親的教誨，就急著拓展事業版圖。

信義店開了沒多久，有一天，門口前人行道上的大王椰子樹被砍了，因為捷運要開挖，我就知道大事不妙了，果然信義店的生意就跟著掉下來，雖然沒到虧損的地步，但也僅能做到打平，等於白忙一場，於是我重新盤點人力，就把信義店收掉。

原本我還想仿效其他的餐飲集團，透過廣設分店來打造江山，信義店的收店，無疑是一記警鐘，讓我看清楚現實，而我也因此認真省思，邊田庄真的適合走分店路線嗎？而答案是否定的。

做中餐，和做西餐很不一樣。中式料理的關鍵詞，就是火候，而火候的掌握和拿捏，端視主廚的個人經驗，不易複製在另一個人身上，也很難像做西式餐飲一樣，用科學化的標準作業流程去管理，這也是餐飲集團很少來碰中華料理的原因之一。

既然分店的路線行不通，我就另外找出路，也就是把單一地點的生意規模做大。因此，當邊田庄在建國北路上的發展，因為空間的限制，已經進入了瓶頸時，我就開始物色坪數更大的店面，讓邊田庄站上另一個起點。對我來說，與其開好幾家分店，每家營收不過幾百萬，不如好好經營一家店，做出上千萬的生意，現在松江路上的邊田庄，每個月的業績都有一定水準，證明我的方向是正確的。

嚴守祖訓，不在店內用餐

回憶創業之初，前三個月就像是走在鋼索上，步步驚心。即使規模只是家小店，但是店租、人事、食材損耗、水電瓦斯，還有各種雜支，對當時的我來說，都是極大的壓力。所幸創業之前，我已經歷了十二年業務工作的洗禮，不會因為遭遇逆境就退縮，即使第一個月店內經常空無一人，甚至還有附近店家好心來勸我早點放棄，避免血本無歸，我就算是內心備受煎熬，外表仍不動聲色，在員工面前，也拿出老闆的架式，穩住軍心，並鼓勵大家只要熬過這段草創期，未來絕對榮景可期。

正如我所預期，只要市場方向正確，生意很快就有了起色，低潮只是一時。

父親和我都開了餐廳，事實上，在邊家子孫的血液中，本來就存在著做餐飲的基因。據說，在明朝，我有兩代的祖先當過服侍皇室的御廚，到了清朝，則是開豆腐店、賣豆腐腦。外人有所不知，關於做餐飲生意，邊家傳下了一個家規，就是身為掌櫃，絕不可以在自家店裡，享受客人般的待遇，而我從創業以來，也嚴守祖訓，從來不在邊田庄內坐下用餐，或許正是因為如此，我感受到邊田庄獲得了歷代祖先的保佑，才能走過風風雨雨，仍能屹立不搖。

從事餐飲業，是相當辛苦的事，每一天從開門到打烊，都是一場戰役，遇到旺季，忙得分身乏術，若是來到了淡季，又要擔心龐大的房租和人事費用，邊田庄可以說是我經歷了數千次的苦戰，一步一腳印所打下的王國。

第七章

舌尖上的邊田庄

沒有好食材，主廚做不出好的料理，
然而，好的食材若是沒給予正確的處理，
也可能會抹殺了原本的風味。

在餐飲這一行，有個說法：一家餐廳要撐到七年以上，才有永續經營的機會。根據我的親身經驗，此言不假。

邊田庄開幕後，最初知名度還沒打開，也曾經歷了幾個月的門可羅雀，但是隨著口碑傳開，業績很快就直線上升，無形中也影響了鄰近同業的生意，好幾家走傳統「小館」路線的餐廳，陸陸續續都關門大吉。

坦白說，我一點也不希望他們收攤。市場上，一定要有競爭者，才會帶來活力，而實力比較弱的競爭者，總比實力強大的競爭者，要來得容易應付。我的心願是，大家能生存，但是邊田庄必須是其中最強的一方。

所以，每當我們店裡客滿時，我會請同事去看看附近其他餐館的營業狀況，當傳來的消息是不好時，我反而會感到憂心。

成為同業的假想敵

隨著邊田庄做出了成績，難免有同業把邊田庄視為最大的假想敵。

有一家店，賣的是日式炸豬排，就開在邊田庄隔壁，對方一開始就來意不善，口氣很大，號稱要「三個月終結邊田庄」。很多我們店裡的常客，都跑來提醒我的員工：「告訴你們家邊老闆，人家要三個月終結邊田庄哦。」我前後聽了十來個人這麼說，卻只是一笑置之。

不是我大意輕敵，而是對方的思維，出發點就錯了。邊田庄賣的是中華料理，他們賣的是日式炸豬排，兩家店商品不同，訴求的消費市場也不一樣，何來誰終結誰之說。

而且，大家都在建國北路上做生意，理應結為盟友，攜手把這條街經營起來，大家都能共存共榮，才是聰明之舉。一開始就以終結同業為目的，便不是健康的經營心態，果然不到一年，這家日式炸豬排店就收掉了。

沒多久，該店的原址，出現了一家百元熱炒店，把邊田庄幾道招牌菜色，像是醋溜魚片、飄香茄腸煲、海鮮燒豆腐、油條牛肉等，全都抄了過去，而且價格全部壓低，比方說，我的醋溜魚片、飄香茄腸煲，是兩百八十元，他們就開價兩百元，當時對方對外的訴求就是，「一樣的商品，不一樣的價錢」。

一開始，我還真的有點憂心，但是我憂心的不是對方的價格比較低，而是他們價格比較低，品質卻能跟邊田庄一樣，勢必會影響我們的生意。

事實上，他們開幕之初，的確是高朋滿座，很多老客人都抱著「跟邊田庄一樣的菜色，但是價格便宜很多」的好奇心，紛紛去嚐新，那一陣子，我們店裡的生意，明顯不如之前，讓我不禁忐忑了一番。

為了一探「敵情」，我就請人去他們店裡外帶了幾個菜，拿回店來，跟幾個師傅嚐了味道，吃了之後，就不再憂心了。

理由很簡單，他們雖然抄了我們的菜名，但是卻做不出這道菜應有的味道。

舉例來說，邊田庄的飄香茄腸煲，吃得到茄子的香味，也有大腸的味道，但是這家熱炒店的飄香茄腸煲，沒有茄子味，也沒有大腸味，就只有醬油的味道。身為專業的廚師，我一吃，就知道他們用什麼方式處理食材，了解了他們的料理實力後，就覺得不足為懼了。

當這家熱炒店一度影響邊田庄的生意時，曾經有人勸我要不要打折促銷，我的回答是：「走進價格戰的胡同，就會死在價格戰。」就是堅持不打折，結果對方雖然以低價搶到了一些商機，但是沒有好味道作為後盾，後繼無力，最終還是難以對邊田庄造成威脅。

後來邊田庄搬離了建國北路，生意愈做愈大，對方則開了一年半就收掉，兩者的差別，除了服務之外，最大的關鍵，還是食物。

新鮮食材才能吃到原味

邊田庄成立至今，我有個不變的堅持，就是讓客人嚐得到食物的原味。

聽起來，似乎是很理所當然的事，比方說，蘆筍炒蝦仁，很常見的一道菜色，照理來說，就該吃到蘆筍味，以及蝦味，但是我在別的餐廳點這道菜時，不只一次發現，蝦仁吃起來淡而無味。蝦子本來就是很有風味的食材，為什麼端上桌，會變成這樣？

上了桌的食物，嚐起來會是什麼滋味，追本溯源，就是食材的新鮮度，新鮮的食材才有食物的原味。

新鮮度往往決定了食材的價值，以及價格。以茄子為例，有五十塊一斤，也有二十五塊一斤，前者皮光肉嫩，「茄味」飽滿，後者光澤黯淡，摸起來軟軟塌塌，幾乎要出水了。

同樣一道飄香茄腸煲，你用五十塊一斤的茄子，跟二十五塊一斤的茄子，吃起來味道就會不一樣。

食材的品質，往往就掌握在採購的手上。我曾經用過三任採購，最後決定這項工作，絕對不能假他人之手。只要沒出國，每天我一定起個大早去採買，親眼確認食材的新鮮度，包括了ＣＡＳ標準廠、傳統市場，還有基隆魚市場，都是我採購食材的來源地。

在邊田庄的菜色中，我使用了大量的海鮮。既言海鮮，顧名思義，重點就在於「鮮」。在邊田庄，除了筍殼魚是活魚，其他選用的魚貨，絕大多數是急速冷凍，新鮮度有一定的保證。如果客人事先告知我，想吃到當天最新鮮的魚，我就會特地為他去魚市場採購。

有一次，前任警政署長王卓鈞來邊田庄吃飯，點了一道魚，點菜時，他問服務人員：「活魚還是死魚？」服務人員回答他：「是新鮮的魚。」上菜後，他吃了幾口，把我叫過去：「你們殺魚之前，這魚是活的嗎？還是死的？」我很老實地回答：「報告署長，是死的。」他看著我說：「很好，你很誠實。我只是跟朋友打賭，想知道事實而已。你放心，這魚吃起來，非常新鮮。」

餐廳的「口碑」，正是出自客人的味覺。邊田庄有很多饕客級的消費者，你端給他們的食物，騙不過他們的味蕾，這也決定了他們對邊田庄的評價。

為了尋找有特色的海鮮，從一年前開始，我會遠赴加拿大、古巴、澳洲、泰國去找貨，然後自己切貨櫃運送進來，當地供應商一開始都以為我是西餐主廚，得知我做的是中華料理，非常訝異，他們都沒想到中華料理的主廚會跑到他們的國家找食材。

用心處理食材

所謂「巧婦難為無米之炊」，沒有好食材，主廚做不出好的料理，然而，好的食材若是沒給予正確的處理，也可能會抹殺了原本的風味。

我在面試廚房助手時，常出的一道題目，就是請他們剝生蝦殼，對方往往就著水龍頭的水，一邊洗一邊剝，剝出來的蝦仁非常乾淨，但是蝦味也被洗掉了。像蝦子這種海產，外殼和身體之間存在一些液體，其實就是風味的來源，當廚師把這些液體都洗掉了，蝦味當然就會流失。

根據我的觀察，很多廚師沒有這樣的概念，會把整批蝦子、螃蟹就泡在水中清洗，不難想像，很多「鮮味」就這麼被洗掉了。

要讓食物好吃，你就必須更用心處理食材，才能保存其完整的風味。在這樣的意識下，我不斷地觀察、實驗、研究，慢慢地找出呈現食物原味的料理方式。

在處理食物的過程中，有一點很重要，就是不能為了追求風味或口感，傷害了客人的健康。

舉例來說，邊田庄有道名菜「水晶封肉」，吃起來滑嫩入口，關鍵在於火候的拿捏，燒得太久，肉質會變柴，燒得不夠久，又會不夠軟嫩，很多師傅嫌麻煩，就用最取巧的方式：加「嫩精」。

加一點嫩精，能讓肉質變軟，雖說對人體可能會有不良影響，但是對於師傅來說，實在是太方便省力了，因此，在肉類料理中加嫩精，一直是餐飲界公開的祕密。

由於我堅持不能使用嫩精，不少師傅跑來抗議：「人家五星級餐廳都有用嫩精，為什麼我們不能用？」

我回答：「如果，來用餐的是你的父母，你會用嫩精做菜給他們吃嗎？」

他們還是不以為然：「可是，客人又不是我父母啊。」

我告訴他們，從事餐飲事業，是良心事業，我們怎麼能端上會傷害客人健康的料理？更不用說，邊田庄做的是商務人士的生意，他們的外食經驗豐富，你在食物中耍什麼花招，都逃不過他們的法眼。

由於製作「水晶封肉」十分耗力，很多師傅覺得太辛苦了，因此，多年來，我都不假他人之手，每次做這道菜時，都得準備一把大叉子，每隔十分鐘，就要測試一下肉質的熟度，確認火候恰到好處後，就馬上關火。

如果每天都要做這道菜，連我自己也會受不了，所以我會每次做一批，完成後便快速冷藏，上菜前再加熱，不用嫩精，客人一樣能吃到入口即化的水晶封肉。

豔驚全場的創意擺盤

來邊田庄的廚房工作，有一個在其他餐廳工作不同的特色，就是除了要認得食材，還要記住花的名字。

我希望客人能夠在花團錦簇的環境中用餐，因此從空間的布置，到餐盤上的裝飾，都使用了大量的鮮花。

很少中餐廳，會像邊田庄一樣，從一踏進大門開始，目光所及之處，都擺放著當季的鮮花。餐廳裡所使用的花材，都是我和副總親自到花店選購。早期我們還請花店負責花藝，所費不貲，後來副總認為，應該把這筆錢省下來，就自告奮勇，他自己來打點。

我提醒他，花藝不是件容易的事，要懂得布局、修剪，其實很耗費心力，不過，在他的堅持下，我就放手讓他嘗試，沒想到他的花還真的插得有板有眼，於是，從此之後便一直由他負責店裡的花藝。

花的元素從空間一路延續到擺盤。邊田庄每個月用在擺盤上的花材，往往就超過五萬塊，包括了高級的蘭花、太陽花、牡丹菊、染菊等，哪道菜搭配哪一種花，都是我和同仁討論後決定，並搭配造型搶眼的沉木，上菜時往往會引起一陣驚嘆，客人拿著手機猛拍，是常見的反應。

像我們有道「黃金富貴鳳尾蝦」，就是在盤子上，放了一大塊沉木，點綴著一朵紫菊，底下鋪著竹捲，擺放著紅豔的鳳尾蝦，在視覺上頗有氣勢，有客人曾經開玩笑說：「只聽過螞蟻上樹，還沒看過蝦子上樹呢。」

這些擺盤，看似噱頭，背後其實有我的想法。

中華料理本來就重視色、香、味俱全，而吃合菜的場合，往往就是社會交際的舞臺，在擺盤上更可以揮灑創意，達到豔驚全場的效果。

邊田庄的定位，就是走商務人士的聚餐，尤其是晚上，更是各國嘉賓雲集，這桌是日本客人，那桌是韓國客人，旁邊一桌又是法國客人，宛如小型的聯合國。從作東者的角度來思考，如果這一餐不但食物好吃，擺盤上又有一些讓外籍賓客難忘的記憶點，他們一定會很有面子，也就更樂意選擇邊田庄作為請客的地點。

為邊田庄物色「新家」

邊田庄開幕以來，雖然曾遭遇了餐廳裡的師傅集體跳槽、被同業視為假想敵等挑戰，基本上還算是走得順利，即使面臨ＳＡＲＳ、金融海嘯等大環境的變化，店裡的生意，似乎也沒有受到太大的影響。

我想，這跟我視「危機」為「轉機」的心態有關。

像是當金融海嘯席捲全球時，員工難免也會擔心生意，但是我告訴他們，不管再怎麼不景氣，商務人士總是要請客吃飯，也正因為景氣不佳，客人會削減吃高檔餐廳的預算，只要我們能夠提供一個食物好吃、服務貼心，價錢又合理的用餐環境，客人還是會樂意上門。

事實證明，我的正向思考是對的，即使在大環境的考驗下，邊田庄總是能屹立不搖，穩穩地走過了兩個七年。

只是，隨著許多用餐的老客人，身價已非昔日可比，他們的需求在升級，原本一百多坪的店面，似乎也開始變得不敷使用了，我不禁思考，邊田庄是否需要進入一次重大的轉型。

二〇一四年七月，邊田庄從建國北路搬到了松江路，臨近捷運行天宮站，這是一個占地五百坪的新舞臺。

尋找到這個店面，並順利進駐，是一段柳暗花明的歷程。

當我決定為邊田庄物色「新家」時，我採取跟創業時一樣土法煉鋼的方式，就是騎著機車，到處看，到處找。

尋找店面時，我不找黃金地段，因為我相信，邊田庄本身就有「集客力」，不一定需要位於知名商圈，但是有兩點很重要，其一，要停車方便；其二，門面要有天和地，也就是客人推門出去時，看得到天空，以及地面，這將代表了邊田庄的格局。

我曾經分別在長安東路、中山北路上，找到符合條件的店面，自然而然地在心中勾勒出未來發展的藍圖，結果都被知名的火鍋餐飲集團捷足先登，即使我願意再多出一點房租，房東還是選擇簽給他認為有品牌知名度的餐廳。

我也曾在松江路、長春路交會處，看到一家理想的店面，興奮地打電話給房東要簽約，卻獲知已花落另一家中華料理的餐廳，除了扼腕，也無能為力。

五百坪的新舞臺

三番兩次空手而回，對我來說，是有一點小小的打擊。直到有一天，我意外遇到了現在的店面，位於大廈的地下一樓，從外頭望進去，是完全沒有裝潢的「毛胚屋」，看起來空空蕩蕩，卻有種孕育著新生命的感覺。

這個店面的空間，比我預期的還要大上許多，我本來想租一半，但是房東告訴我們，要租，就是整個樓層都得租下來。副總勸我要三思，但是我對於這個店面是一見鍾情，心裡有個聲音很篤定：「就是這裡了。」

不過，我想租，房東還不見得要租給我。房東是幸福水泥董事長陳兩傳先生，對於承租的人選，他非常謹慎，當時包括了知名的健身中心、醫美診所等，都有意租下這個地方，邊田庄是餐廳，坦白說是比較居於劣勢。

由於遲遲等不到房東的回應，我沒事就會坐到那個店面門前的階梯發呆，想像著邊田庄進駐後的模樣，但是我也很擔心，期待愈大，失望也愈大，於是開始想找出這個店面的缺點，屆時就算沒拿下它，我心裡也會好受一點。

地下一樓當然最怕淹水，我發現階梯下去的兩側各有一個排水孔，如果排水不良，就會成為這個店面的致命傷，所以我就故意趁著下大雨的時候，來觀察排水狀況，甚至還自備大桶的水，下雨之中，我還同時灌水進去，挑戰排水孔的極限，沒想到當初排水系統做得非常完整，不管我餵進多少水，水都沒有漫出來。

我在欣喜之餘，又更添惆悵，萬一拿不到這個店面，我應該會相當失落吧。

所幸經過了一番努力，陳伯伯決定把店面租給邊田庄。

不過，打造全新的邊田庄，這只是個開始而已。

當初我動念要搬家時，家人也好，資深員工也好，持反對意見者不少，他們認為，邊田庄在建國北路已扎下根基，老客人閉著眼睛都能走到，如果要翻新，花個幾百萬就可以搞定，一旦換個地方經營，除了客人要適應，裝修費也會是一筆可觀的支出。

不過，我還是堅持搬家，為了履行對房東的承諾，我光是通風的設備，使用了日本和歐洲的系統，就花了好幾百萬，全店的整修費直逼五千萬。不過，有了這個五百坪的舞臺，邊田庄從原本一般的中華料理餐廳，升級為可以做餐宴、婚宴，業績翻倍，證明我當初的堅持是正確的。

當然，客人上門，永遠是為了美味的食物，而邊田庄從一百坪到五百坪，空間變大了，不變的是我們料理食物的理念，客人舌尖上的邊田庄，一定是讓他們吃到食物最美好的原味。

第八章

讓客人怦然心動的服務

服務必須來自人性，並落實於人性，
太過機械化、制式的服務，很難讓客人產生真正的感動。
要作好服務，說起來千頭萬緒，最終仍不離人性兩個字……

在開邊田庄之前，我曾經到日本沖繩度假，對於日本人的服務態度，有過難忘的體驗。那一次，我在百貨公司看中了一雙麂皮休閒鞋，不論是顏色、款式，都很合我意，很不巧地，就是尺寸太小，櫃檯小姐連聲道歉，卻不放棄，特地去找來楦鞋器，試著調整鞋型，然而我還是穿不進去，櫃檯小姐不但再次道歉，還找了樓層經理來道歉，雖然我最終還是沒買下那雙鞋，對方的服務已經贏得我很高的評價。

讓我印象深刻的有兩件事，其一是整個買鞋的過程中，那位櫃檯小姐都是彎下腰、低著身跟我輕聲講話，態度非常恭敬，其二是，即使我沒有付任何錢，還是得到了很好的服務，打破了一般人「有錢才能買到好服務」的觀念。

我將這次經驗所獲得的啟發，帶進了邊田庄，要求外場人員盡可能低下身子跟客人說話，至於說話時，要用恭敬的語調，而非跟平輩說話的口吻，應對進退之間，就展現出服務的態度。

到日本、泰國取經

我對服務的重視，始於我的業務員時代。當年的我，毫無人脈可言，創造業績的唯一方式，就是把服務做好。

「服務」兩個字，說起來容易，做起來卻充滿了挑戰，我除了要討好醫師、護士、護理長，還要面對充滿情緒的病患，吃過的苦頭不計其數，而十二年的業務生涯，讓我體悟了一個顛簸不破的道理，那就是，只要你把服務做好，生意就會上門。

十多年前，在臺灣的餐飲業，特別是中餐廳，服務的觀念還不盛行，我在外頭用餐，經常要看外場人員的臉色，即使是一些知名的餐廳也不例外，因此當我開始醞釀自己的餐飲事業時，就把服務納入其中的一個重點。

當年的網路還不發達，我除了透過報章雜誌，吸收一些與服務相關的知識，另外就是造訪以服務聞名的日本、泰國，親自體驗何謂好的服務。因此我平時非常節儉，但是到這兩個國家，就會特別花錢去吃一流的餐廳、住高檔的旅館，並將我的感受記錄下來。

我在日本有很多正面的經驗，比方說，有一次，我入住當地的君悅飯店，進了房間後，我拉開窗簾，看見窗口正對著一個類似水塔的設備，當下有種磁場受到干擾的感覺，於是我就下樓找櫃檯值班人員，請對方幫我換房間。

我仍記得那位櫃檯的小姐，有著一雙溫暖的眼睛，她聽了我的要求後，便請我稍等，然後跟主管討論之後，就非常和顏悅色地幫我換了房間。坦白說，一開始我也知道自己的要求不盡合理，所以並不抱太大的希望，因此當對方同意時，那種超乎預期的感動就特別難忘。

至於泰國，更是經常體驗到賓至如歸的服務，特別是泰國女性總是笑容迎人、柔聲軟語，讓人從內心深處感受到愉悅的幸福感。

每一趟海外取經，每一次當客人的心得，都讓我對於怎麼作服務，建立了更完整的想法，因此在邊田庄開幕之初，我就用心投入，打造讓客人怦然心動的服務。

服務不是只做好SOP

近年來，服務意識抬頭，各行各業都開始重視服務，餐飲業也不例外，每個業者各有一套作法。有些餐廳走的是標準作業流程的路線，服務人員該如何跟客人應對、「說菜」的話術，甚至連鞠躬的角度、微笑時要露出幾顆牙齒，都有規定可循，好處是容易建立統一標準，員工按表操作即可，缺點則是太過制式，比較沒有溫度。

舉例來說，有些餐廳在上菜時，要求員工要完整介紹菜色，立意雖好，但是有時難免給人照本宣科之感，或是打斷了餐桌上正在進行的談話，反而讓客人產生「我是來吃飯，又不是來上課」的反效果。

將服務標準作業流程化，表面上看起來整齊畫一，容易給消費者良好的第一印象，然而進門的客人的年齡、性別都不同，當下用餐的心情也不一樣，用同一板一眼的服務流程面對每名客人，可能會適得其反。

邊田庄開幕至今，對於外場人員的服務訓練，我的作法，不是給員工一本手冊，要求遵循操作，而是要他們懂得察言觀色，根據客人的需求，及時提供服務。就像是邊田庄上菜時，也會「說菜」，但是我告訴外場人員，當客人正在靜靜地用餐，可以簡單地向他們介紹這道菜的特色，若是客人正在高談闊論，就不要打斷他們。

我要求外場人員要具備眼觀四方、耳聽八方的本領，隨時觀察客人的狀況，最好能在他們提出要求前，服務就已經到位。比方說，客人入座後，我們不會在他們還在看菜單時，就催促點菜，而是告訴他們，作好點菜決定時，再通知我們，此時外場人員就要在一旁備戰，只要客人一舉手，就要馬上前去點菜，絕對不能讓客人等待。

有時候，客人難免會一失手，將筷子掉落地上，他彎下腰撿也不是，不撿也不是，相當尷尬，所以我要求外場人員，只要聽到筷子落地聲，在五秒鐘之內，就要有動作，必須不動聲色地為客人換一雙新筷子，如果客人道謝，回以對方一個理解的微笑即可。

服務人員不是機器人，他們也有性別、年齡等差異，因此我在要求他們時，在作法上也會有彈性。比方說，幫客人點菜時，外場人員必須單腳跪地，但是考慮到員工膝蓋的健康，四十歲以上的員工，只要彎腰即可，三十歲到四十歲之間，可以自己決定要不要跪地，三十歲以下，就一定要單腳跪地。

另外，上熱湯時，為了怕燙到客人，外場人員通常會用推車送到桌邊，但是曾經也有員工不喜歡用推車，因為他托盤的技術很好，我就讓他用自己習慣的方式。

從員工的應對進退去要求

就像那句廣告詞「科技始終來自人性」，我認為，服務也必須來自人性，並落實於人性，太過機械化、制式的服務，很難讓客人產生真正的感動。既然我不走標準作業流程的服務路線，那麼，邊田庄是如何建立服務的文化？

我的方式很簡單，也非常困難，就是激發員工服務的熱忱。

要了解一個人有無服務的熱忱，從他平日待人接物的態度，就可以略窺一二。想進邊田庄工作，不論是廚房還是外場，都必須先通過我這一關。我在面試員工時，對方就算履歷再漂亮，只要他說話輕佻，或是翹腳、歪身斜體，就會被我列入黑名單。多年的用人經驗讓我堅信，與其用一個有專業、但是態度不佳的人，不如用一個專業有待加強、但是態度好的人，因為專業是可以透過實戰再慢慢補強的。

新人進來的前幾個星期，還要經過我嚴格的審核，如果不符標準，就會遭到淘汰，連廚房新人也不例外。

比方說，前一陣子，我錄用了一位包湯包的廚房助手，或許是因為年輕，不太懂得跟人相處，經常是板著一張臉，別人問他話時，他的回答就是「嗯」、「啊」，我認為他不適任，動念要解雇他，他主管還幫忙求情，我就再觀察幾天，甚至跑到廚房測試他，他還是給我單字式的回答，我便把他叫出來，請會計算薪水，他大概被嚇到了，連坐都不敢坐，畢恭畢敬地請我再給他一次機會，念在他本質還不算太壞，我便再「留校察看」。

我連廚房的人手都要求好的態度，對於外場人員的要求，就更不用說了。他們剛來上班時，所要做的工作，就是站在旁邊，觀察現場，對客人微笑，客人走了就協助收桌，而我會一直從旁觀察，在心中打分數，沒做好的地方，就會利用機會教育，或是以身作則，做給他看，或是坐下來懇談，糾正幾次若不見改善，我就會遵照《勞基法》，付資遣費讓他離開。

舉例來說，曾經有位男性的外場人員，總是會把自己打扮得很光鮮，但有個毛病，就是會挑客人來服務，遇到他喜歡的客人，他就表現得很熱絡，若是不喜歡的客人，他還是很有禮貌，卻是沒有溫度的禮貌，我觀察了他一陣子，毅然將他資遣，一開始他還很震驚，但是我告訴他，他的特質真的不適合邊田庄，而我相信在某些餐廳，他會獲得重用，結束我們之間的主雇關係，其實是讓他有機會跳去更適合的舞臺。

事後，這位員工還向我謝謝，因為我按照《勞基法》，付給他一筆相當不錯的資遣費，他的戶頭從來沒有那麼大一筆錢。

恩威並施的管理風格

我對外場人員要求相當嚴格，即使做到主管級，我一樣是不假辭色。最近發生的事，即為一例。每個星期五晚上，我都會在店裡獻唱，唱完後，常有包廂裡的客人邀我進去亮相，我覺得，就這麼進去跟大家揮手，實在太矯情了，所以我會親自送甜點進包廂，服務客人之餘，同時也順勢跟大家打招呼。

因為甜點一定是比水果甜，所以餐廳上菜時，一定是先上水果，再上甜點，否則吃了甜點再吃水果，一定覺得水果不夠甜。我送甜點進去時，桌上的客人都已經用過水果了，於是我就開始分送甜點。當我正要把甜點送到客人的盤子時，整個人都愣住了，因為盤子裡是客人剛用過水果的果皮。

沒有提醒員工，客人吃完水果要換盤子，是我的疏忽，但是其他服務人員看到我進退兩難的窘狀，竟沒有任何應變動作，我當下已經滿腔怒火，由於廚房還有事情在忙，我暫且按捺下來，沒有發作。

過了一陣子，另一間包廂的客人又邀我進去打招呼，我送甜點進去時，一看客人面前，仍是堆著果皮的盤子，顯然外場的主管完全沒意識到前一間包廂的事態，這下我就決定要有所行動了。當天打烊後，我把所有的員工留下來，狠狠地訓了他們一頓，之後還傳訊給外場的主管，要求她離開。

我治理餐廳的風格，的確是不留情面，受不了而選擇離開的員工，也大有人在，但是該照顧、體貼員工的，我一樣也不會少。

像夏天的廚房實在太熱了，我體諒員工的辛苦，他們不但免穿廚師服，我還準備了涼爽通風的T恤換穿；至於最基本的薪資，就我所知，很多餐廳都給得不是很好，但是我認為，你給員工低薪，卻要求他們給客人高品質的服務，是不合理的事，因此，員工的薪資，我給得相當大方，邊田庄的資深員工中，年薪百萬的就有好幾位。至於工時，只要九點一打烊，我就趕員工回家，而週末假日，通常是店裡最忙碌的時候，但是員工正常排假，絕對不會有禁休，或是臨時叫回來的狀況。

而且，每逢端午節，中秋節，以及除夕等重大節日，邊田庄都一定休息，放員工過節，理由很簡單，每名員工都有自己的生活，我怎能為了自己要賺錢，剝奪了他們在佳節和家人團聚的機會。

坦白說，剛搬到松江旗艦店的那一年除夕，我們首次嘗試提供客人年夜飯的服務，當天晚上，整個餐廳高朋滿座、歡笑不絕，看著每一桌客人幸福用餐的畫面，我心頭也是一陣暖意。打烊後，我送走了下班的同仁，看著他們一身疲憊，互道新年快樂時，心情突然變得很複雜。這是個闔家團圓的夜晚，他們都放下了自己的家庭，來為我效命，我所能回饋的，只有微薄的加班費，一時之間，我的心中充滿了歉意。

沒多久，電話響了，是遠在上海的母親打來的，她知道邊田庄這一晚做年夜飯的生意，除了恭喜我當晚業績開出紅盤之外，她也語重心長地提醒我：「今晚的收入，犧牲了近五十個家庭的團圓飯，你認為值得嗎？」她還要我拿計算機出來，把今晚的所得，除以一年三百六十五天，也就是說，只要每天的營收再努力一點，又何必為了做除夕夜的生意，造成員工無法跟家人吃年夜飯呢？這麼簡單的數學問題，我竟然不懂，於是，我告訴自己，未來的除夕夜，我寧可放棄商機，一定要讓員工休息。

餐飲這一行，十分辛苦，工作環境不像坐辦公室那麼舒適，因此，身為餐廳老闆，更應該善待員工，理由很簡單，只有當你對他們好，讓他們意識到自己的工作是有價值的，他們才會由衷作好服務的工作，而客人得到好的服務，對餐廳就會有好評價，形成一個正向的循環。

邊田庄的服務，沒有所謂的「服務聖經」，也沒有花俏的員工訓練，就靠著我幾乎每天泡在店裡，無時無刻的督導、叮嚀、提點，以及嚴格的淘汰，造就了今天在服務上的口碑，甚至還吸引了知名車廠及旅館業者前來觀摩、學習。

不可諱言，邊田庄的服務品質，跟我的現場管理息息相關，因此，當我開始要走分店路線時，就遇到了問題。

邊田庄開幕前三年，因為生意興隆，幾乎是一年一家店，前兩家地點鄰近，管理還算方便，第三家信義店距離較遠，因此鞭長莫及。

曾經有一家連鎖書店的老闆在信義店用餐，吃到一半決定換餐廳，根據店經理的說法，是客人覺得菜的溫度不對，而我認為，如果只是菜的溫度出問題，客人不至於出現這種反應，然而，由於我不在現場，真相從此成謎。

後來我決定收掉信義分店，除了捷運開挖，影響了生意，另一個考量，就是我無法在現場監督服務品質，這也是為什麼我後來放棄了開分店，而是把所有的資源和力氣放在一家旗艦店，達成的業績反而超過了數家分店的總和。

從細節展現待客心意

邊田庄的服務，除了服務人員的待客之道，我們也透過一些硬體的巧思，向客人傳達體貼之意。

客人來邊田庄用餐，服務人員一定會奉上灑了香茅味的冰毛巾，這個點子來自多年前在泰國普吉島旅行的經驗，當天氣溫炎熱無比，我正覺得人快要被曬昏時，旅館女服務生遞來香茅味的冰毛巾，當沁涼的香味傳來時，剎那間暑氣全消，我也因此愛上了普吉島，後來便決定在邊田庄也提供相同的服務。

很多餐廳都會提供客人冰毛巾，多數是使用工廠的現成品，而邊田庄則是事先用專屬的洗衣機（只洗客人用的毛巾）清洗、消毒，然後放在一張消毒過的大圓桌，員工手上也噴了消毒酒精後，用手工一條條摺疊起來，最後再噴上天然的檸檬馬鞭草精油。

最初我們用過人工的精油，鼻尖的客人很快就聞出來，不願把毛巾打開，於是我們後來改為使用天然精油，每瓶要價五千元，一個月就得用上兩瓶，但是我發現，用了天然精油後，每條毛巾都被打開使用，這筆開銷就非常值得。

邊田庄的另一個特色，就是有其他國家來的客人時，為了展現款待的心意，會在餐桌上擺上該國的小國旗。這件事乍看不難，但是我們必須事先準備一百多個國家的國旗，整理起來也要花時間，但是餐桌上多添了一面旗子，外籍客人通常會覺得很感動，作東的主人也會有面子，這就是一種加值服務。

至於客人喝茶的茶壺與茶杯，我們也不是用現成品，而是找臺灣藝術大學的老師合作，在窯房裡燒出來，把手容易握，壺嘴方便控制出水量，而且還是雙層杯，因此客人可以喝到熱茶，又不至於燙到手，而茶壺上的荷花，還是我親手畫出來的。

邊田庄靠著菜色和服務，在餐飲市場找到自己的定位，來用餐的客人，從政商名流，到演藝人員，不知凡幾。坊間很多餐廳，會亮出老闆和名人的合照，作為宣傳，但是我完全不來這一套，而且，為了避免名人用餐時受到打擾，我要求員工絕對不能去合照、簽名，像莫文蔚來邊田庄非常多次，從來沒有人找她簽名，我猜想，她自己多少也會納悶，畢竟她在其他地方用餐，一定會有粉絲來要求合照、簽名。

我唯一破例的一次，就是某一天，陳奕迅和徐若瑄不約而同來邊田庄吃飯，他們本來坐在不同包廂，後來在包廂外相認，互動很熱絡，就有包廂的服務人員問我，他們兩人看起來很開心，是否可以去要求合照，我答應了，唯一的但書是，要等上水果、甜點時，才能要求合照。

後來，當同仁跟他們合照時，我在外頭觀察包廂裡的氣氛，突然意識到自己做錯了，這些藝人之所以願意來邊田庄用餐，多少是考慮到「不受打擾」，我一時失察，結果就是傷害到邊田庄的品牌形象，我深感後悔之外，也告訴自己，日後絕對不能再犯這樣的錯誤。

要作好服務，說起來千頭萬緒，最終仍不離人性兩個字，我經歷過太多的風風雨雨，自認對人性有一定程度的理解，正因為如此，邊田庄才能打造出讓客人倍感貼心的服務。

第九章

每個生命都是奇異恩典

從照顧流浪狗的過程中，
我深深體會到動物是最誠實的，
你對牠有愛，牠也會毫無保留地回應。

在邊田庄，有一位神祕的「白副理」。平時，白副理不見蹤影，只有在午餐時段結束後，才在店裡巡行，等到六點左右，晚餐時段開始了，又悄悄消失，躲在店裡某個無人知曉的角落。

難得有女性客人遇上了白副理，發生驚呼：「啊！有貓。」所有的員工會非常有默契地說：「隔壁飯店的貓，又跑過來了。」

是的，這位白副理是隻貓，是我們店裡收養的黑白貓，私下員工都稱牠為「黑白」。

大約是八年前，某天下午，有位住在錦州街江山里的小女孩，意外撿到一隻鼻口出血、奄奄一息的小貓，因為身形太瘦小了，一開始還以為是老鼠，後來是好心的路人告訴她，那是隻小貓，善良的小妹妹就捧著貓咪到獸醫院，希望能救牠一命。

獸醫院的張醫師願意救這隻小貓，但是有兩個問題要解決，一是醫藥費該由誰來付，二是小貓救活之後，誰來負責養牠。小妹妹的父母面對這兩個問題，都面有難色，張醫師就打電話問江山里的里長。

「去找邊田庄的邊老闆啦！」里長二話不說，就給了這個答案。

吳醫師打電話來時，我正在廚房忙得不可開交，對於他的問題，我的答覆也很簡單明快，貓咪的醫藥費，我來付，牠的後續照顧，我來負責。就這樣，黑白來到了邊田庄。

名字叫作「黑白」，除了外型，也跟牠的個性有關，即心情好，可以讓你抱著、摸著，而心情不好，則誰都不理，完全就是個「黑白」無常。黑白生過兩胎小貓，不幸都夭折了，從此個性變得更悍，邊田庄還在建國北路時，黑白曾經到外頭流浪了半個月，回來時，肚子上破了一個大洞，真不知道牠這半個月到底經歷了什麼。搬到松江路之後，牠又消失了四天，那四天員工打卡時，都會相互打聽：「看到黑白了嗎？」

他們已經把黑白當成家人了，讓我十分感動。

或許有客人會問，店裡養貓，衛生嗎？我的回答就是，一來，貓很愛乾淨，二來，餐廳裡有貓，老鼠當然就不可能猖獗，反而有助於保持餐廳的衛生。

店裡除了有「白副理」，另外還有兩隻店狗，「娃娃」和「Lucky」，牠們就像其他邊田庄的同仁一樣，都是這個大家族的一分子，也都是我必須照顧的對象。

觸動對流浪動物的惻隱之心

其實，最初我對於流浪動物，並不是那麼有慈悲心，看到街上的流浪狗，甚至會有要趕走牠們的衝動。

第一次觸動對流浪動物的惻隱之心，應該是我罹患憂鬱症那段時期。當時的我，已喪失了活下去的熱忱，騎機車上班時，經常飆快車，或是故意騎在「禁行機車」的馬路上。或許是仍保有一絲生存本能，我還不敢闖紅燈，但是會闖黃燈，彷彿是跟老天爺對賭，看祂是否狠下心來，把我收回去。

有一天，我騎到了松江路和民生東路口，原本還是想闖黃燈，但是看到要通過的距離實在太長了，還是停下來乖乖等紅燈。這時候，眼前出現了一隻貌不起眼的癩痢狗，也乖乖地站在路邊等紅燈，我們人狗互看了一眼，牠對我搖搖尾巴，像是在跟我說，即使卑微如牠，都會愛惜生命，為什麼我就不能呢？

當下，我突然有種奇妙的感覺，彷彿上天透過這隻一無所有的流浪狗，向我傳遞了重要的訊息，從那之後，在我眼中，流浪狗不再是可以視而不見的生物，而是一個值得人類去珍惜和照顧的生命。

我真正開始照顧流浪狗，是在開了邊田庄的第二年。

有一天，我和同事騎車在中山北路，行經圓山保齡球館時，遇見了一隻髒兮兮的白色狐狸狗，自顧自走在快車道中，隨時都可能遭到撞斃，我要將牠趕離快車道，但是牠完全不理我，我又不敢去抓牠，怕會被牠咬，正在乾著急時，有位好心的路人給了我一個紙箱，於是我就往牠身上一罩，把牠收到箱子裡，然後送到獸醫院。

經過獸醫師的檢查，牠是隻老狗，眼盲、耳聾，身上的毛糾結到讓獸醫師剪壞了一把電剪，很難想像，在遇上我之前，這隻狗到底過著什麼樣的流浪生活。我不忍將牠送進收容所，決定自己來照顧，而且是養在店裡。

我為牠取了一個名字「鐵旺」，意思是「鐵定會旺」，希望牠能帶旺邊田庄。或許是之前吃過不少苦頭，鐵旺一焦慮就會原地轉圈圈，只要我去抱抱牠、撫摸牠，轉圈圈的行為就會消失，可見得牠即使又瞎又聾，還是能感受人類給牠的關懷。鐵旺在邊田庄待了三年多後過世，牠的晚年獲得了很好的照顧，而不是橫死在虎口一般的快車道。

視流浪狗為家人

現在店裡養的兩隻流浪狗，一隻母的叫「娃娃」，是我三年多前去陽明山泡溫泉時撿到的，我從牠還是小狗時就開始養，耐心地拿奶瓶餵牠喝奶，一天餵六次，一點一滴拉拔長大，所以牠跟我特別親密，就像有個女兒一樣，不時來討抱、討親親。

至於「Lucky」，原本是動物收容中心的流浪狗，如果沒人認養，就會安樂死，我在網路上看到消息，二話不說，就帶著助理去收養。當時是冬天，我身上剛好穿著廚師服，收容中心的工作人員以為我是要把狗帶回去烹煮香肉，特別問了一長串問題，再三確定我是真心要收養流浪狗，才決定放行。

當初決定在店裡養狗，當然也有員工持不同意見，我就會告訴他們：「一隻保持得很乾淨的店狗，不見得會比一個不乾淨的員工更不衛生。」坦白說，餐廳裡既然要養狗，為了不為人詬病，就必須更用心維護店裡的衛生，而我很欣慰的是，很多資深員工都認同我的想法，在清潔工作上投入更多心力而不以為苦。

相較於建國北路上的邊田庄，現在位於松江路的店面，除了空間大了五倍，還有一個加分，就是廚房外面是一個天井小花園，正好成了娃娃和Lucky最好的窩。平時除了有同仁輪流去遛狗，每隔半個月，還會有人開車載牠們到擎天崗等空間開闊的地方，讓牠們可以盡情地活動筋骨。因為這些地方，往往也有很多野狗活動，娃娃和Lucky看到同類，一時開心，可能會玩瘋了，不想回來，所以我告訴同仁：「叫十分鐘，如果還是叫不回來，代表牠們已經融入了在地的族群，就放牠們自由。」

話雖如此，同仁無論如何，總是會把狗帶回來，也是因為他們和這兩隻店狗，已經有了感情，就這樣放生，同仁也會捨不得。

除了這兩隻店狗，我自己家裡也收養了兩隻毛小孩，都來自「流浪動物花園」，男生叫「寶寶」，是隻混種西施，女生是「妞妞」，是隻眼瞎、腳瘸的黑狗。

我認養流浪狗，有個原則，就是名種的狗不養，模樣可愛的狗也不養，因為我知道，這種條件比較好的狗，一定很多人搶著養，我願意讓給他們，而選擇把愛心留給長相比較不討喜的狗。

記得我去「流浪動物花園」認養妞妞時，工作人員問我：「邊先生，您想認養哪一種狗？」我笑道：「很簡單，愈是不漂亮，我愈是想養。」她們相視一笑：「啊，那就是『小醜人』了。」便把妞妞牽了出來。

雖說妞妞長得不好看，可是畢竟是女生，稱牠「小醜人」，實在太失禮了，女兒後來就幫牠改了名字，稱「妞妞」，就是「女丑」的意思。妞妞其貌不揚，卻是隻十分貼心的狗。牠有個睡覺用的墊子，白天放在客廳，晚上一定要把墊子收到我的床邊，讓牠可以陪我睡覺。有時我忘記了，牠會發出哭泣的聲音，提醒我趕緊把墊子收進來，然後我在床上，妞妞在墊子上，人狗安靜地一覺到天亮。

從照顧流浪狗的過程中，我深深體會到動物是最誠實的，你對牠有愛，牠也會毫無保留地回應。對我來說，不論是店裡的娃娃或Lucky，或是家裡的妞妞或寶寶，牠們就是我的「孩子」。

值得一提的是，我從小就有嚴重的氣喘病，每逢秋冬時節，就是苦難日子的開始，基本上，我算是一個不適合養狗的人，過去就有醫師警告我絕不能養寵物，神奇的是，我收養流浪狗多年，卻從來未曾因為狗兒造成氣喘發作，連我自己都感到不可思議。

贊助萬丹狗園

或許是很多人知道了我是保護動物人士，左鄰右舍在路上看見流浪狗，就會來敲我的門，接下來就會出現我在馬路上救狗的畫面。

救狗，並不是件容易的事，常常是你愈追牠，牠跑得愈快，有時候我實在跑累了，就會停下來，對著狗兒說：「我是真心想要幫助你，如果你還是要跑，我就沒辦法了。」說也奇怪，當我這麼說時，有些流浪狗彷彿聽懂了我的話，就不再跑了。我救到的狗，就請餐廳的同仁開車送到嘉義的萬丹狗園安置，讓牠們免受餐風露宿之苦。

萬丹狗園原來的負責人是一位高齡的陳伯伯，他出車禍後，已無能力再管理狗園，原本是員工的陳女士，不忍心看到兩百多隻流浪狗從此遭到安樂死的命運，只好一肩扛起狗舍所有的開支，幾乎耗盡所有的積蓄，狗園即將斷炊的消息，因此上了新聞。

五年前的某一天，我在用手機上網時，經過了一些連結，看到了萬丹狗園的消息，我很感動陳女士為流浪狗的付出，就跟她聯絡，成為狗園長期的捐助人。只要狗園的物資一有了短缺，她把金額告訴我，我就匯款過去，幾年下來，捐給狗園的錢已超過了數百萬。

曾有人問我，難道不擔心對方會把捐款挪為己用？我的想法很簡單，人跟人之間，貴在信任，我相信陳女士對於流浪狗的愛心，因此信任她會把每一分錢都花在狗兒身上。

除了出錢，出力也很重要，狗園每隔一段時間需要大掃除，我就會派一批餐廳同仁輪流南下幫忙。這一天形同上班，但是同仁覺得像是員工旅行，大家抱著輕鬆的心情坐車到屏東，很有效率地把狗園整理乾淨後，還可以趁著空檔去吃在地小吃，難怪大家都期待排到去狗園當義工的日子。

與王識賢夜半救狗

我在路上救過很多流浪狗，最讓我難忘的一次，如今想起來，還是忍不住會掉眼淚。

那是二〇一二年的初夏，深夜，我騎著機車回家，途中突然聽到了生物的哀號，隨著聲音愈來愈清晰，我也看到了那哀號來自快車道一隻遭車輾傷的黑狗，牠的下半身已經被輾爛了，幾乎可以說是在死亡邊緣。

看到這一幕，因為實在太不忍了，我本想就這樣轉頭離去，後來實在還是放不下，我在那隻黑狗身邊停了下來。由於來往的車輛速度極快，如果再有一輛車輾過這隻狗，那就絕對沒救了，為了引起行車人的注意，我就抓了兩支安全島上的選舉旗幟，開始大力揮舞起來，同時對路人說：「幫我叫救護車。」

在救護車到達之前，有一輛車停了下來，下來一個男人，接起了其中一根旗桿，陪著我一起揮舞，最初我都在擔心黑狗的傷勢，沒有注意來者是誰，後來才認出，對方居然是王識賢。

救護車的小隊長看到黑狗的第一眼，就是：「牠沒救了。」我不死心，請他們送黑狗到寧夏夜市附近的獸醫院，加上王識賢也幫忙求情，小隊長就很豪氣地說：「好！讓我們把牠抬起來。」於是受重傷的黑狗上了救護車，我和王識賢也隨車而行。

雖然時間已經很晚了，但是因為獸醫師就住在診所樓上，王識賢打了通電話，對方就下來了。獸醫師為黑狗做了心臟電擊，也用了氧氣罩，但是因為牠傷勢實在太嚴重了，即使努力搶救，最後仍回天乏術。

王識賢本來要付全部的醫藥費，在我的堅持下，最後協議一人付一半，不巧他身上沒帶錢，因此我們留了手機聯絡號碼，兩個人也因此變成了朋友。

幾天後，我接到了一通電話，是個女孩子的聲音，她是黑狗的主人，她哭著告訴我，她的愛狗每天晚上都有跑出去溜達的習慣，因為多年來都沒事，她也都很放心，沒想到一次意外，造成了永遠的遺憾，她很感謝我為她愛狗所做的事，而我也將她的謝意轉達給了王識賢。

成立良心農場的心願

照顧流浪狗多年之後，近年來，我心中又逐漸醞釀另一個想法，就是打造一處良心農場。

我的起心動念，來自兩年前看到網路上一段影片。在影片中，為人類奉獻牛奶的乳牛，一旦分泌不出乳汁，沒有價值了，下場就是遭到屠宰。這段影片，看得我五味雜陳，腦海中浮現了學生時代的一段記憶。

我在鹽水鎮就讀專科時，學校附近就有牛隻的屠宰場。某一天，我起了個大早，在學長的帶領下去看殺牛。

牛在屠宰之前，為了肉質變得比較重，可以賣個好價錢，工人會把鐵管放進牛嘴中，開始強行灌水。即將受死的牛，可能已預知下場，硬是不肯張開嘴，工人便將鐵管硬生生塞入，那場面已經讓人不忍目睹。而我特別記得，當牛群一隻隻走進刑場時，有一隻牛看了看四周，目光就跟我對上了，大大的眼睛，突然就滲出了眼淚。我不知道牛是否真的會「哭」，但是在那一刻，我的確從那雙眼睛中，收到了牠痛苦地向我求救的訊息。

過去的我，並沒有什麼保護動物的意識，甚至還曾經愛吃美味的牛肉。然而，隨著年紀漸長，經歷人生的起起伏伏，不知不覺間，對生命的慈悲心已油然而生，肉食對我已經沒有什麼吸引力，平日幾乎是素食了，只是身為主廚，一定要試菜，包括了葷食，這是我工作中最無可奈何的一部分。

然而，在研發菜色時，我還是把火力放在海鮮料理，將肉類料理的比例降到最低，像牛肉料理，邊田庄只有蔥爆牛肉、油條牛肉、水煮牛肉、蕃茄牛腩煲等四道菜。坦白說，牛肉料理的單價高，從餐廳營運的角度來說，應該是多多益善，但是我認為，原則比賺錢更重要，想吃牛肉的客人，就請他們選擇邊田庄以外的餐廳吧。

現階段的我，照顧家人、店內的同仁、流浪狗，就已經耗去了很多力氣，然而，我仍希望未來若行有餘力，能夠成立一座良心農場，在這座農場生活的動物，都能獲得最好的照顧，不必打成長激素，也沒有粗暴的對待，當牠們完成了階段性任務，也能安享晚年，而不是無情的屠宰。

上帝的「奇異恩典」

不論是現在對流浪動物的付出，或是未來良心農場的願景，或許有人不認同我的理念，覺得我太過於感情用事，但是，對我來說，在有生之年，能夠去照顧那些遭到遺棄的生命，正是上帝給我的「奇異恩典」。

Amazing grace, how sweet the sound
That saved a wretch like me
I once was lost, but now I'm found
Was blind, but now I see

'Twas grace that taught my heart to fear
And grace that fear relieved
How precious did that grace appear
The hour I first believed……

（奇異恩典，何等甘甜，
拯救了像我這般無助的人，
我曾迷失，如今已被找回，
曾經盲目，如今又能看見，
神蹟教我心存敬畏，
減輕我心中的恐懼，

神蹟的出現何等珍貴，

那是我第一次相信神的時刻……）

身為基督教徒，我自然對〈奇異恩典（Amazing Grace）〉這首歌耳熟能詳，而這首歌，對我也有特殊的意義。

小時候，我會跟著鄰家的大哥哥去參加教會活動，〈奇異恩典〉就是我接觸到的第一首讚美詩歌，如今，我已屆中年，從一個不會念書、沒有背景、鄉下來的孩子，成為一家餐廳的負責人，仔細想想，這不正是上帝的「奇異恩典」嗎？

我相信，上帝的恩賜，必有其旨意，在照顧流浪動物的過程中，我可以感覺到，上帝正是藉我之手，為這個世界帶來溫暖的力量。有時候，我也會問自己，世上那麼多流浪動物，怎麼救得完呢？當我感到徬徨不安時，我就會跟上帝禱告，祈求祂給我堅定的信念，讓我得以延續這分使命。

在我眼中，每一個存在世間的生命，都是奇異恩典，而我能夠去照顧自己以外的其他的生命，也是奇異恩典。我甚至以為，上帝之所以給予我這麼多，就是要讓我有能力去付出，而這樣的付出，正是我的福氣。

第十章

「美聲主廚」的誕生

曾經，我是個在稻田間唱歌給自己聽的男孩。

曾經，我是個學生熱門樂團的主唱。

曾經，我是個將軍身邊的合音天使。

如今，我是「美聲主廚」。

德國音樂家孟德爾頌的不朽經典《以利亞》，描述先知以利亞拯救以色列人於迷惘之中，繼而驚險逃過迫害，並按上帝旨意完成使命，和韓德爾《彌賽亞》、海頓《創世紀》，並列史上三大傳統神劇。

二〇一五年十二月五日，國家交響樂團（NSO）和指揮呂紹嘉，還有數位知名的聲樂家，以及台北愛樂合唱團合作，將這齣神劇搬上了國家音樂廳。

演出時，舞臺上除了交響樂團和聲樂家之外，後方一百多位合唱團成員站成數排，場面相當壯觀。

身為台北愛樂合唱團成員的我，也參與了這次的演出。

為了這齣神劇，我們前後練習了三個月。演出前一天，排練到晚上十點多，因為隔天邊田庄有婚宴，客人指定要新鮮的魚，因此一早我又爬起來，去漁港接魚貨，打點完畢後，趕到國家音樂廳參加早上的排練，中午休息時，其他成員可以小憩一番，我放心不下店裡的事情，又趕回去餐廳，等時間到了，再去音樂廳參加最後的排練，然後七點半，正式演出。

整齣神劇長度為一百四十分鐘，排練時，我們幾乎都是從頭站到尾，對體力實在是一大考驗，加上還有餐廳的事要處理，忙得我分身乏術，好不容易演出結束，我才終於鬆了一口氣。

雖然身體很疲憊，我的心情卻是非常愉快，因為能夠上臺唱歌，一直是我人生的夢想。

童年參加「榮星」合唱團

最早上臺唱歌的記憶，可以回溯到小學四年級。

妹妹是父母的掌上明珠，備受呵護和栽培，從小就送她去學鋼琴，後來還去參加了嘉義當地的教會兒童合唱團「榮星」，團費不便宜，一個月要四百塊，在四十年前，實在不是小錢，可見父母對她的寵愛。

每次都是我陪著妹妹去合唱團練習，其實我也好想進去唱歌，只是我知道，家裡不可能有多餘的錢用在我身上，只能把這份願望藏在心裡。

有一次，一如以前，我把妹妹送到教會門口時，正好指導老師也在場，她大概看出了我的心情，將手一揮：「哥哥，你也進來試音。」

當時我還未進入「變聲」階段，唱歌時，就是如同維也納少年合唱團那般清澈的童音，老師一聽，驚為天人，不但決定讓我參加合唱團，而且還給我免繳團費的優惠。

參加「榮星」後，曾經有機會去韓國演出，但是一個人旅費就要一萬多塊，對我們家來說，實在是負擔不起，當然是選擇不參加。教會牧師知道我們兄妹都有唱歌的天賦，很希望爭取我們參加，甚至開出「兩人同行，一人免費」的條件，父母最後還是婉拒了。

當時有個鄰居的女孩，也是合唱團的成員，因為她是獨生女，家裡便籌出錢讓她出國，我看在眼中，雖然滿心羡慕，但是也能體諒，我的父母要養育三個孩子，壓力絕對比只有一個孩子的家庭要重上許多，他們沒辦法支持我們出國，也是情勢使然。

我在「榮星」一直待到國小六年級，一方面是因為開始變聲了，另一方面也是因為要升國中，已有課業壓力，這段參與合唱團的生涯，只得畫下句點。

後來，不論是就讀五專時，我和室友組成了「野孩子」合唱團，或是在軍中時，擔任長官的「合音天使」，唱歌這件事，一直沒有遠離我的生活。

然而，退伍後，進入職場，最初可以說半隻腳踏入演藝圈，幾經轉折，只能轉換跑道，不論是從事醫療器材的業務，或是開了自己的餐廳，雖然事業漸漸有了規模，我也感覺自己距離音樂的舞臺，愈來愈遠。

旁人或許會覺得我反正經營邊田庄也小有成績，就專心於餐飲事業，把唱歌當作個人興趣就好了。但是，我總覺得，我的好嗓子是上帝給的，我若不能充分發揮，豈不辜負了祂的好意。

只是，開一家餐廳，每天忙於大小瑣事，除了親自做菜，又要調教廚房師傅，還要緊盯外場服務人員，我雖希望自己有機會再站上表演舞臺，總是力有未逮，而時間就在日復一日的忙碌中過去。

體驗人生無常

四十六歲那一年，大哥的過世，是我人生一大衝擊。

大哥年長我兩歲，人長得高大體面，不但會念書，還精通多種樂器，文筆也很不錯，一直是我眼中明星級的人物。

內、外條件俱全的他，卻因為肝硬化而英年早逝，中年痛失長兄的我，心中哀痛之餘，對於自身的健康也充滿了問號，擔心是基因的問題，便瘋狂地做了各項健康檢查，即使一切正常，我仍然抱著懷疑：「這是真的嗎？我真的不會像我哥那樣早逝嗎？」

後來，是父親寫了封信給我，強調他都平平安安活到七十多歲，要我不必擔心，我紛亂的心情才稍微鎮靜下來。

不過，大哥的死，讓我意識到人生的無常，與其憂慮自己還能活多久，還不如好好把握當下，去完成自己想做的事。

既然唱歌是我的最愛，讓世界聽到我的歌聲，是我這一生最重要的夢想，眼見五十大關將近，我想也該是自己積極採取行動的時候了。

當時，「美聲主廚」的概念已經成形，我對自己的歌聲有信心，但是該如何吸引別人來聽我唱歌？如果，我告訴別人，我是邊田庄餐廳的老闆，這個身分很難吸引到聽眾，不會有人想來聽一位餐廳老闆唱歌。

因此，我需要另一個身分，來證明我會唱歌。

在商場實戰多年，我深知「市場」的重要。當初成立邊田庄，我就主打商務客，重視料理和服務的品質，有清楚的定位，才能在市場上站穩一席之地。

如今，我要開始經營歌唱事業，也要考慮「市場」。我的年紀、演唱風格，不可能去搶年輕族群，最適合的還是成人市場，如果我是臺灣某知名合唱團的成員，對於我在演唱方面的號召力，一定會有很大的加分。

在臺灣，要說成人合唱團的「天團」，我認為是台北愛樂合唱團，以及臺北市立交響樂團附設合唱團，兩個樂團每年都會廣徵愛樂人士入團。兩者之中，我選擇前者，除了它是私人基金會的合唱團，風格比較活潑，也因為台北愛樂的藝術總監杜黑，是我十分尊敬的音樂人。

不會看五線譜

參加台北愛樂合唱團的甄選，是一次很有趣的經驗。

甄選分兩關，初試是看五線譜唱歌，並唱一段自選曲，複試則是單純的面談，除了介紹自己的背景，也分享對於音樂的想法和期望。

參加初試時，我其實很忐忑不安，因為，我不會看五線譜。

小時候參加「榮星」，看的是簡譜，後來組樂團、唱熱門歌曲，根本也不必看五線譜，所以我雖然很會唱歌，對我來說，五線譜形同無字天書。

當時帶我進去試場的是基金會的一位工作同仁劉小姐，我要進去時，才跟她說：「我不會看五線譜，怎麼辦？」劉小姐大吃一驚，拉住了我衣角：「什麼？你不會看五線譜？」如果還來得及的話，她一定會攔下我，只是為時已晚，她只能讓我放「聲」一搏。

走進試場，一字排開的都是老師級的評審，主考官則是愛樂合唱團的指揮古育仲。當他們拿五線譜給我時，我坦言：「不好意思，我不會看五線譜。」

聽到我的回答，老師們幾乎都是一臉不可置信，古育仲甚至很不客氣地說：「你不會看五線譜，那你來幹什麼？」

氣氛正僵，眼看我就要被趕出去，突然有位老師說：「既然來了，就爬一下音階吧。」我當場如獲解圍，因為我相信，只要他們聽到我的聲音，我就一定有機會。

果然，我才唱了幾個音，就看到老師們的表情都變了。爬完了音階，他們又讓我唱自選曲〈夜之韻（The Music of the Night）〉，唱了一小段，古育仲就打斷我：「好了，可以了。因為你不會看五線譜，我們還得再開會討論。」

我趕緊說：「謝謝老師。」收拾好東西，準備離開，那一刻，心裡其實滿是悲哀。我認為，如果我會看五線譜，一定不會是現在這樣的對待。

慶幸的是，他們還是讓我進入了複試，就是跟團長梅華進行面試。

我一坐下來，就直言不諱：「報告團長，我不會看五線譜。」

梅華先是愣了一下，然後笑道：「不錯哦，你雖然不會五線譜，他們還是讓你參加複試，表示你應該有實力。」

同期參加甄試的團員後來告訴我，所有參加複試的人，就數我的面談最久，一談就是二十幾分鐘，即使相談甚歡，梅華跟古育仲一樣，也是不露聲色，只是很客氣地說：「我們會再開會討論。」

甄選完一週後，我都沒有收到通知，我猜想大概是沒希望了，但是我並不會因此就放棄自己的音樂夢，如果與台北愛樂合唱團沒有緣分，我就再找其他合唱團就是了。

又過了兩個星期，有一天，我接到電話，就是那位劉小姐打來的：「邊先生，不，應該叫您邊老闆，我要通知您，您被錄取了。」我一聽到好消息，便趕緊說：「謝謝你們給我這個機會，我一定好好努力。」

她在電話那頭笑聲不絕，一定是想起當時拉住我衣角的插曲。

獲得音樂的訓練

有四十多年歷史的台北愛樂合唱團，齊聚各界愛樂人士，參團超過三十年的前輩更不在少數，即使我在外頭是餐廳老闆，在裡頭畢竟還是個新人，不但對前輩的態度得恭恭敬敬，像掃地、搬椅子等雜務也會搶著做，對我來說，這就是一種倫理。

一個合唱團會有不同的聲部，我在台北愛樂屬於男低音，而且是最低的男低音，事實上，我的聲音是可以唱到男高音。剛加入合唱團時，每次練唱前爬音階，我總是跟著琴聲一直往上爬，漸漸地，其他學長姊都停下來了，我還能繼續爬音階，後來驚覺自己可能會引起側目，作為團體中的新人，到底還是收斂一點比較好，就在學長姊還能繼續往上唱幾個音的時候，先停下來。

我自認有好歌喉，卻沒有受過正規的音樂訓練，因此，參加台北愛樂合唱團，對於我在音樂上的學習，助益良多。

像我以前看譜只能看簡譜，遇到五線譜就沒轍，加入了合唱團之後，最初雖然難免有點慌亂，幾次練習之後，看譜就不成問題了；而我們演唱的曲目，都是貝多芬、孟德爾頌等世界一流作曲家的作品，經過這些「超級大曲」的洗禮，對於唱歌自然有更上一層樓的體會。

團員之間的互動和交流，也為我增長了不少見聞。像我們低音部的部長陳忠偉，他的音非常準，宛如合唱團的定音鼓，每次要練唱時，由他先發音，我們就知道該怎麼抓音調。而另一位有三十年以上團齡的莊偉大哥，對我非常照顧，常會提供我練唱所需要的資料和工具，像這次為了《以利亞》，他就介紹了我一款練唱的手機ＡＰＰ，可以調整成適合自己的調性（Key），只要有時間就能練唱，十分方便。

至於團長梅華，還有指揮古育仲，也是我經常請益的對象，像我對自己的演唱事業有一些想法，就會去找古育仲談，他都會給我一些很不錯的建議。

台北愛樂合唱團是無給制，每一位團員都是抱著對唱歌的熱愛而加入，態度認真不在話下，不過，歌聲到底是一種天賦，在聽過每位團員的聲音之後，我更清楚自己的音色水準在哪裡，對於自己的演唱事業也愈來愈有信心。

而且，跟其他人比起來，我還有一個優勢，就是懂得「市場」。

團員中有不少聲樂家，唱歌是專業，卻不見得有「市場」的概念，而我的人生經過不少波折，卻也讓我養成對於市場的敏銳度。如果我要唱歌給別人聽，我不會為了炫耀我的唱歌技巧，選擇曲高和寡的曲目，而是去思考，什麼樣的歌曲最能引發共鳴。當然，貼近市場需求的同時，我也會有自己的堅持，像一般的流行歌曲，就不會是我會選唱的曲目。

我以身為台北愛樂合唱團的成員為榮，不過，我也很清楚，這個舞臺上有一百多人，打的是「團體戰」，很難有個人的「能見度」，在現階段，我真正唱歌的舞臺，就是邊田庄這個空間。

只唱西洋經典歌曲

「美聲主廚」這個想法在我腦中孕育已久，只是一直苦無表演的場地，從建國北路搬到松江路後，新店面有五百坪的規模，問題就解決了。

旗艦店一開幕，我就迫不及待開唱了。

對於在店內表演的種種細節，我都經過深思熟慮。比方說，唱歌時，我一定穿廚師服，因為這就是我的特色，如果我穿一般的西裝，就跟尋常聲樂家無異了。穿著廚師服演唱，才是「美聲主廚」的形象。

其次，我一定在客人的餐點都準備得差不多，才會出來唱歌，畢竟客人來邊田庄的目的是用餐，如果為了唱歌而耽擱到出菜，那就本末倒置了。

每次演唱，我最多演唱兩首歌，唱完了就回到廚房，絕對不會沿桌跟客人握手、打招呼，畢竟我的演唱不是餐廳秀，更不是紅包場。

至於演唱的曲目，我不會唱歌劇中的詠嘆調，而是挑選一般人也耳熟能詳的西洋經典歌曲，像是〈你鼓舞了我（You Raise Me Up）〉、

〈吾路（My Way）〉。或許有人會好奇，為何我只挑英文歌，實在是因為中文的藝術歌曲，冷門居多，一般人難有共鳴，也不似西洋經典歌曲有著壯闊的氣勢，唱完之後，似乎還餘韻繚繞，讓人回味再三。

在自己的餐廳唱歌，讓我能夠貼近聽眾，親眼看到他們享受演唱的表情，我自己也獲得了很大的滿足感。

通常，一個星期中，我只唱星期五的晚上，所以邊田庄星期五晚上的位子特別難訂，很多人打電話訂位時，還會特別確認：「那一天執行長會唱歌嗎？會唱歌，我才要訂位。」為了測試市場水溫，我曾經刻意停唱了一陣子，果然那段時間星期五晚上的生意，就稍微下滑了。

我相信，有愈來愈多人在期待「美聲主廚」的歌聲，而我也認為，憑著自己的音色，絕對能夠在餐飲事業之外，打造另一個王國。

回憶人生的上半場，在音樂這條路上，我走過了不同的階段：

曾經，我是個在稻田間唱歌給自己聽的男孩。

曾經，我是個學生熱門樂團的主唱。

曾經，我是個將軍身邊的合音天使。

如今，我是「美聲主廚」。

這，將是我人生下半場最重要的身分。

為了能彌補不是音樂科班出來的遺憾，我很早就開始搜尋一些教科書中教導的發聲技巧與換氣方式，以及各個不同的共鳴腔的位置等較為專業的理論。

也為了要能發出力量夠強的聲音，進而震撼聽眾，我從三十多歲就開始自主訓練慢跑、登山，來為自己增加肺活量，因為對一個美聲歌手來說肺活量是很重要的。

我也偶爾會開車去到海邊，對著大海練習音量，這件事說來簡單，但真要做到這點還真是需要毅力作為後盾。

我也很努力的練習腹式呼吸法，因為這種訓練可以協助我運用肚子的力量將聲音推出去。

最近五年來，一星期中總有個兩至三天，在半夜三更時我會獨自前往美術館花博園區，找個安靜的角落，對著大地、對著天空唱歌，因為這附近沒有住家，所以不擔心會吵到鄰居……

尾聲

年輕時，我曾經有一趟紐約之行。

那時候，我剛離開中視，在銜接到下一個新工作之前，我決定到國外開拓視野，我選擇了紐約，因為那裡有很多我喜愛的百老匯表演。

我在紐約大概待了兩個多月，盤纏用完了，就到中國餐廳打工，有時候一邊洗碗，我一邊哼哼唱唱，老闆應該看得出我是個愛唱歌的人，不過，他並不鼓勵我留下來發展，因為他語重心長地告訴我：「在這裡，沒有身分，就什麼都沒有。」

去一流的百老匯戲院看表演，是我的心願，不過，我當時的經濟狀況，只能去一些規模比較小的戲院。有時候，表演結束了，我會守在門外，等著演員下了戲出來，觀察他們說話、走路，甚至抽菸的神態，然後自己偷偷地模仿。

我想，我現在唱歌時的動作姿態，還算有點架式，應該跟當時的觀察，是有一點影響的。

回臺灣之前，打工餐廳的老闆娘特別讓我連休兩天假，於是我就利用最後的機會，在百老匯上輾轉流連，正好遇到有家戲院在進行排練，可能是門沒關好，我聽見一個氣勢磅礡的男性歌聲，當下不由得為之一震。

是的，他唱的就是那首〈頌歌（Anthem）〉。從此，我的腦海中就像是植入了播放器，一再地放送著這首曲子……。

即使當時的我，只是個一無所有的年輕人，我仍相信，終有一天，就如同〈頌歌〉所描述，我將建立自己的王國。

命運的波折，反成個人優勢

去紐約之前，我懷抱著音樂夢，在唱片公司、電視臺都待過，結果都讓人失望，紐約行結束後，我就認分地去《兒童日報》上班，為我開餐廳的計畫作準備，至於音樂這個夢，只好暫時先擱下。

然而，就在我的餐飲事業經營到一定規模時，我決心重拾昔日的音樂夢，而有了「美聲主廚」這個新的身分。如果說，幸福就是做自己喜歡的事，我愛做菜，又愛唱歌，如今能夠把兩者融合為一，我自認是個非常幸福的人。

想一想，人生真的很奇妙，如果我當年很順利走上歌唱這條路，或許成為聲樂家，或許成為歌手，然而命運的波折，讓我多繞了一點路，我成了「美聲主廚」，聲樂家和歌手很多，「美聲主廚」卻只有一個，我多繞的那段路，反而成為我與眾不同的優勢。

我不是音樂科班出身，為了彌補這個缺憾，我決定自學，從書本中學習專業的發聲技巧與換氣方式，以及各個不同的共鳴腔的位置；另一方面，為了發出力量夠強、震撼人心的聲音，我從三十多歲就開始透過慢跑、登山來增加肺活量，偶爾還會開車到海邊，對著大海練習音量，這事說來簡單，做起來其實很需要毅力。

如果說運動員必須持續不斷地鍛鍊他們的肌肉，身為美聲歌手，我則是盡己所能來強化我的聲音，像是練習腹式呼吸法，訓練我用腹部的力量，將聲音推出去；另外，一個星期之中，即使工作再忙，總有幾天的晚上，我會利用半夜，在美術館附近的空地練唱，因為這一帶沒有住家，我也不必擔心會擾人清夢，可以盡興高歌，這樣的習慣已經維持了五年。

我所做的每一項努力，只為了一個目標，就是要讓華人世界聽見我的聲音，用我的歌聲來為這個社會注入正面的能量。在人生的上半場，我一路艱辛挺進，吃過不少苦頭，也因為這樣的付出，如今，我可以大聲而驕傲地說：我的人生下半場，正要開始了……

成為「美聲主廚」只是第一步，在未來，我還想做廣播、開美食節目，以及舉辦演唱會，讓更多人聽到我的歌聲。或許有人認為我的野心很大，但是我追夢的目的不是為了圖利，而是為這個社會作更多的奉獻。

我始終堅信，只要有夢想，人生就會充滿力量。

因此，我想鼓勵本書的每一位讀者，如果有夢想，就勇敢踏上追夢之路吧！這一路上，或許你會遇到很多的波折，但是，請不要放棄，只要你不忘初衷，這些波折就變成你美夢成真的養分，如果你跟我一樣，也是個熱愛唱歌的人，你可以成為個人專業領域中的「美聲〇〇」。

我始終相信，上帝給了我許多，就是希望我左手獲得，右手付出，因此「美聲主廚」未來的演出都將結合公益，身為長期的保護動物人士，我會將演出所得投注在保護動物的公益上，而社會上若有其他需要幫助的弱勢族群，我也會盡己所能，讓他們得到應有的照顧。

未來若有機會，我想重返紐約，這一次，我已經可以坐在一流的戲院中欣賞演出，我不必去跟當地的美聲歌手競爭舞臺，因為，我已經找到了屬於自己的舞臺。

美聲主廚的十二大名菜

水晶封肉

在江浙菜中，東坡肉是道少不了的名菜，以豬肉為主要食材，外觀看起來色澤紅亮，吃起來則是皮薄肉嫩，味醇汁濃。

邊田庄的水晶封肉，便是以東坡肉為起點，另外再加入冰糖和梅乾菜，形成一道獨特的菜色。當初為這道菜取名時，我曾小小傷了一下腦筋，因為不同於一般的東坡肉，本想叫做「邊田庄東坡肉」，但是念起來太繞口，若是叫「梅乾扣肉」，又會給人客家菜的聯想，由於這道菜中用了冰糖，我靈機一動，便叫它「水晶封肉」，從此成為邊田庄最叫座的菜色之一。

製作水晶封肉，除了非常講究火候之外，搭配的梅乾菜也是一絕。我所用的梅乾菜，出自大陸家鄉，當地陽光、空氣、溫度，都非常適合製作出美味的梅乾菜。為了邊田庄的水晶封肉，我每年都會回老家數趟，就是為了帶回這風味獨特的梅乾菜。

有一次，我帶回來的量多了一點，家鄉的阿姨們特地用塑膠袋包成一球球，讓我收在大行李箱中。出關時，我去等行李，同飛機的旅客都領了行李離開了，只有我左等右等，就是沒等到行李。

後來，警衛和緝毒犬都出現了，氣氛顯得不太尋常，而輸送帶上，終於出現了我的行李，正當我伸手去取，手才碰到行李，就立刻遭到喝止，被叫過去當眾打開行李，此時一群警衛荷槍實彈地圍著我，每個人都是一臉嚴肅。

我把衣服拿起來，出現了那一包包的梅乾菜，警衛將我的手撥開，厲聲問我：「那是什麼？」「梅乾菜」。當我說出這三個字，彷彿聽到了有人笑了，負責問我話的人仍不死心，要我一包包打開，確認是梅乾菜時，忍不住問我：「你帶這麼多梅乾菜做什麼？」我向他解釋，因為父親年紀大了，不方便出國，但是又想念家鄉味，所以我才會帶梅乾菜讓他解饞。

原來，因為包成一球球的梅乾菜，在X光機下看起來，太啟人疑竇了，才會有這場風波。海關人員確認我不是帶毒品，也就放行了。後來，為了避免相同的烏龍再度上演，我都將梅乾菜放在隨身行李中，至少是比較方便檢查。

芝麻牛蒡

把簡單的事做到最好，就是藝術。芝麻牛蒡這道菜，就是將牛蒡切絲後炸過，再混合肉絲去拌蜜汁醬汁，最後以芝麻增添香氣。看似簡單的小菜，卻是張清芳、張惠妹愛點的菜色。

當初發想這道菜，考慮到牛蒡是養生食材，又帶了點日風，但是若用日式的涼拌方式，就變成日本料理，不符合我餐廳的定位，後來就決定改用炸的。

邊田庄的芝麻牛蒡所用食材不多，料理方式也不算複雜，卻難倒了一票師傅，關鍵就在於牛蒡切絲。站在師傅的角度，會覺得用刨絲的工具來刨絲最省事，我卻認為刨出來的絲太軟，堅持一定要用手切，而且切出來的長度、厚度，都要有一定的標準，如此一來，裝盤時才會好看，吃在嘴中才會有口感。

因為堅持這道工序，不少師傅私下都是怨聲連連，覺得我找他們麻煩，甚至有新來的師傅上班第一天，因為被要求切牛蒡絲，下午就主動求去。後來我們一開始都不會要求新人切牛蒡絲，就怕把他們嚇跑了。

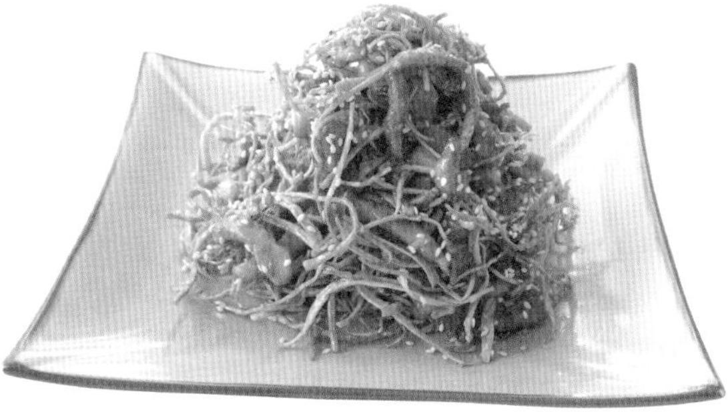

算起來，前後大概有近二十位的師傅因為這道芝麻牛蒡而離開，聽起來有點誇張，卻是個事實。對我來說，這道菜代表了邊田庄的堅持，不論是料理，或是服務，都不會因為任何一個人，而放棄了堅持，也因為有這個堅持，才能讓這道菜名列邊田庄的十二大名菜。

■金莎波士頓龍蝦

設計一份菜單，一定要有比較高檔的菜色，邊田庄不供應魚翅，我就選擇做龍蝦料理。

一般的龍蝦料理，就是清蒸後再灑點油，我覺得這樣太沒有特色，就發想了這道菜色，將鹹蛋黃切碎、炒熟，再裹在蒸好的波士頓龍蝦上，這樣的作法讓我聯想到金莎巧克力，所以取名為金莎波士頓龍蝦。

鹹蛋黃很東方，波士頓龍蝦是西方食材，兩者結合，形成獨特的美味。在食材上，我一定選用最頂級、新鮮的波士頓龍蝦，再以溫水慢慢解凍，保持肉質的鮮美，然後由廚房助手仔細處理蝦殼，上菜時，客人只要輕輕用筷子一夾，就能夾起Q彈的蝦肉。

這道金莎波士頓龍蝦，因為食材本身的成本就高，是邊田庄單價比較高的菜色。我們所有的供應商都知道，邊田庄對於品質絕不妥協。坦白說，如果我用稍微沒那麼好的食材，餐廳可以賺更多錢，但是這麼一來，邊田庄就失去了品牌的立足點，同樣一道菜，邊田庄敢賣得比其他餐廳貴，然而客人仍願意上門，這就是邊田庄的品牌價值。

麻辣水煮牛

邊田庄不強調單一菜系，而以臺式的中華料理為訴求，像麻辣水煮牛，本是知名川菜，我放在菜單中，除了打破菜式的框架，也希望提供客人更多口味的選擇。

這道菜有兩個重點，其一，是牛肉，我選擇菲力，這是牛肉最嫩的部位，進行切片處理，一般牛排饕客可能會覺得很可惜，但是我認為，如果不用這種等級的牛肉，這道菜的風味就會遜色；其二，是花椒，我認為臺灣市面上買到的花椒都不到

味，所以都請在餐廳任職的一位四川姑娘，每年定期返鄉去採購品質最好的四川大紅袍花椒。

事先的準備工作中，我們會將花椒和其他搭配的香料，仔細地縫入香料包中，客人享用這道菜時，不會吃得一嘴都是香料渣。柔嫩的牛肉，加上用香料包煮成的湯汁，收服了不少客人的舌和胃，曾經有饕客級的客人對我說：「你們邊田庄的菜，我都吃膩了，最愛的還是這道麻辣水煮牛。」牛肉吃完了，還要求把湯汁打包，回去下麵也很好吃。

蔥燜鯽魚

蔥燜鯽魚是父親當年開餐廳的菜色，我認為，他烹調這道菜的功力，已是獨步「食」林，南門市場「天下第一攤」的蔥燜鯽魚也鼎鼎有名，不過，我吃過之後，覺得還是遠遠不及父親的蔥燜鯽魚。

這道菜，我從小就跟著父親學習，我的烹飪功力雖不及父親，但是邊田庄的蔥燜鯽魚，我有自信可以打敗一票同行。

做蔥燜鯽魚，除了要選擇新鮮的鯽魚，而且還是要有魚卵的母鯽魚。別的餐廳是直接用魚商進的魚，我是在供應商的魚池，逐隻挑選，確認魚都有魚卵之後，先用醋醃過，把魚骨刺泡軟，然後油炸，再進行燜燒，才能成就蔥燜鯽魚獨特的風味。

當年我跟父親學做蔥燜鯽魚，學了很多年，最難掌握之處，就是最後口味的調整，做得太甜，吃起來會膩，做得太鹹，則難以入口，甜鹹之間的拿捏，最是考驗味覺的敏銳度。在邊田庄的廚房，曾經有好幾位師傅試著做這道菜，結果都被我打槍，白白浪費了我一鍋新鮮的魚。目前在邊田庄，只有我和另一位經理級的師傅可以負責做蔥爛鯽魚。

做菜，說起來很簡單，不過就是把食材切一切，丟在鍋子裡煮，或是放進蒸籠裡蒸，但是有人開餐廳門庭若市，也有人門可羅雀，差別常常就是在最後口味的調整。和其他餐廳比起來，邊田庄的菜不算多，但是每一道菜都是用盡心思做好，才會端到客人面前。

紅燒蒜味黃魚

做海鮮料理，首重食材的新鮮。這道紅燒蒜味黃魚，當然就一定要用新鮮黃魚，先蒸過以去除腥味，再加蒜粒做紅燒，是一道口味濃厚，非常適合下飯的菜色。

做這道菜的難度，就是要去除魚的腥味，但是醬汁的味道又不能搶過魚的鮮味，簡言之，就是味道平衡的拿捏。我在廚房教菜時，最難教的就是這件事，味道會不會太甜、會不會太鹹，首

先自己要能吃得出來，才有辦法去調整，但是味覺本身又是主觀的，舌尖夠不夠敏銳，還真是一種天賦。

我每次面試新人時，對方若強調自己什麼都能做，我不見得會用他，對我來說，即使只會做一道菜，但是能將這道菜做到味，比起什麼菜都會做，卻沒一樣做到味，要來得有價值多了。

杭州魚麵

杭州魚麵是父親的名菜，基本上就是麵條和新鮮的魚湯，食材雖然簡單，因為口味拿捏得恰到好處，其清淡鮮香的風味，連經國先生也曾慕名而來。

關於這道菜，還有一段軼事。當年蕭萬長先生是連戰先生的副總統候選人時，曾經到父親的「邊記江浙園」吃飯，對於這道杭州魚麵也是讚不絕口，酒足飯飽之後，特意到廚房跟父親打招呼，支持另一候選人的父親以手髒為理由，就是不跟蕭先生握手，他的軍人脾氣可見一斑。

「邊田庄」是父親的名字，我也傳承了他這道名菜，開幕之初就

有這道菜。為了幫助我的事業，父親特別從嘉義北上，在餐廳裡負責做杭州魚麵。大概三個月之後，有一天，他喘著氣、一臉疲憊地跟我說：「兒子，我年紀大了，真的幫不了你了。」我趕緊說：「您不必擔心，我自己來做，沒有問題。」

現在即使我親自料理，風味大概僅及父親當年的七、八成，事實上，父親近年來年事漸長，他也無法百分之百重現。對我來說，父親當年的杭州魚麵，形同一則昔日的傳說，只能透過記憶去回味了。

烏魚子炒飯

多數中餐廳的菜單上，都會列進一道炒飯，讓客人可以填腹。我當初在發想這道炒飯時，總覺得做蝦仁炒飯，實在太尋常了，於是設計了這道烏魚子炒飯。

炒飯要好吃，米很重要，我選用上等的臺灣米；至於這道菜的另一個亮點，我挑的是東港的烏魚子，色澤紅潤，口感滑潤，切成小塊，跟米飯一起炒，即使不太敢吃烏魚子的客人，也能享受這道炒飯。

這家烏魚子的供應商，是我親自去找的，對方價錢很硬，不接受折扣，而且貨到

就要付款，但是因為品質合乎我的標準，他的條件我都可以配合。因為我認為，讓客人吃到優質的食物，才是最重要的事。

海鮮燒豆腐

清代美食家袁枚曾說，「豆腐得味，遠勝燕窩」，豆腐是最家常的食材，若是料理得宜，一樣也能成為美食。當初我在設計菜單時，決定在豆腐中加入海鮮，提高菜色的價值。邊田庄初開幕之時的「十二金釵」，海鮮燒豆腐就是其中之一。

坦白說，海鮮燒豆腐這道菜毫不花俏，基本上就是用新鮮的海鮮煨豆腐，然後再稍微翻炒一下，就可以上桌了。雖然不是什麼了不起的菜色，因為營養豐富，非常下飯，極為受到客人的歡迎。

因為製程單純，廚房的師傅很愛做，因為平價美味，所以外場的客人很愛點，這道平實的海鮮燒豆腐，證明了不必是超級大菜，也能抓住饕客的胃。

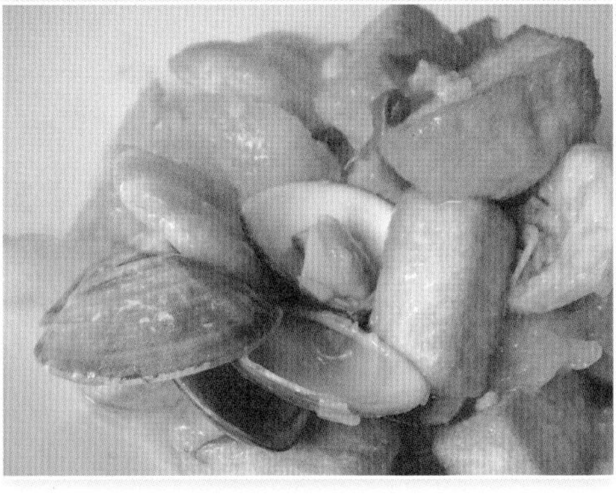

佛跳牆

佛跳牆自古便是中華料理宴席桌上的經典名菜，也是除夕圍爐時不可或缺的一道年菜；邊田庄更是把這道菜細心雕琢！

首先，以肥嫩土雞熬煮半天，使雞湯成為牛奶色，再將豬腳、嫩排、烏參、芋頭、干貝、鴿蛋、松茸等一級食材置入，大火燜煮四個鐘頭後，等待所有食材入味後，就完成了！此道菜最為講究的功夫，便是火候；過猶不及都將導致食物口感無法融入上品湯頭。因此，此道名菜所呈現

出的口感差異，考驗著師傅的專業程度。

此外，每年除夕年菜的佛跳牆一推出，就會立即預約滿額，也因為這道經典名菜，使得邊田庄的宴席桌菜更添口碑。

臘月精燉正山雞

首先，精選正牌的純正放山雞，再搭配臘肉、鮮貝肉、桂圓、紅棗、鮮活蛤蜊之後，以小火精燉六個鐘頭。此項湯品因為燉煮費時，所以每天皆限量銷售，在邊田庄的老饕級貴客群裡，這是最被推薦的湯品。

其實要把這道湯品烹調到位，只有一個祕訣，就是火候的拿捏與掌控。火大了，肉就柴了，影響湯的入味；火小了，湯就油了，影響湯的口感。因此，這道湯品必須得提前預訂，以便師傅們做足準備功夫，才能讓每一位賓客們，享受一口口最佳口感的精燉湯品。總之，想要品嚐邊田庄這道美味佳餚的賓客，建議最好先行預約！

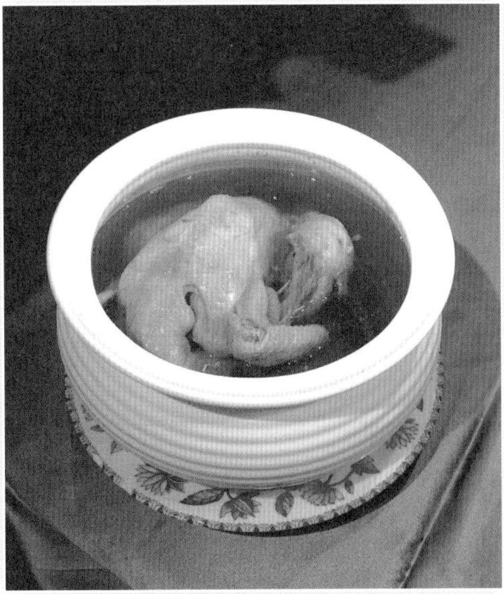

蓮藕紅棗排骨湯

黃小琥最愛的「蓮藕紅棗排骨湯」，是一道用「蒸」料理出來的湯品。

將排骨氽燙後，跟蓮藕、紅棗、黑豆放在一個塑膠袋中，注入雞高湯，然後放進蒸籠裡去蒸，把食材的鮮味都蒸出來，都流入雞湯中，相較於用「煮」的排骨湯，湯質更顯得清澈，帶著蓮藕的紅和黑豆的黑，喝起來鹹中帶甘，十分爽口。

值得一提的是，我們用的是自家廚房熬出來的雞高湯，而非罐裝產品，而因為食材本身會出水，所以只會裝三分之一，蒸完之後就剛剛好成一鍋湯。

邊田庄另有一道精燉雞湯，也是放一點水，以整隻雞「蒸」出來的雞湯，其風味之鮮美，是直接用水煮所無法比擬的。

像這樣的湯品，做起來當然比較費工，但是我一直認為，怕麻煩就不要來做餐飲業。很多餐廳的老闆和廚師往往有一個錯誤的心態，就是為了好管理，努力「簡化」各種流程，但是往往一簡化，料理美味的關鍵就不見了，反而得不償失。

謹致讀過這本書的、而我卻還未認識的朋友們：

請同意我一直堅持的一句話：「因為相信，人生就會充滿力量。」
希望在不久的將來，我會與你們在任何一個可能的地方相會。
謝謝大家！我最親愛的朋友們！

Facebook 粉絲團：美聲主廚

強納生

ICON人物叢書 BP1050

美聲主廚：
邊田庄創辦人永不放棄的人生

美聲主廚：邊田庄創辦人永不放棄的人生／邊中健著. -- 初版. -- 臺北市：商周出版：家庭傳媒城邦分公司發行，民105.03
面； 公分
ISBN 978-986-272-987-8(平裝)

1. 邊中健 2. 臺灣傳記

783.3886 105001809

作　　者　邊中健
採訪整理　謝其濬
責任編輯　張曉蕊、葉冰婷
行銷業務　張倚禎、石一志

總 編 輯　陳美靜
總 經 理　彭之琬
發 行 人　何飛鵬
法律顧問　台英國際商務法律事務所
出　　版　商周出版　臺北市中山區民生東路二段141號9樓
電話：(02)2500-7008　傳真：(02)2500-7759
E-mail：bwp.service@cite.com.tw
發　　行　英屬蓋曼群島商家庭傳媒股份有限公司　城邦分公司
臺北市104民生東路二段141號2樓
電話：(02)2500-0888　傳真：(02)2500-1938
讀者服務專線：0800-020-299　24小時傳真服務：(02)2517-0999
讀者服務信箱：service@readingclub.com.tw
劃撥帳號：19833503
戶名：英屬蓋曼群島商家庭傳媒股份有限公司城邦分公司
香港發行所　城邦(香港)出版集團有限公司
香港灣仔駱克道193號東超商業中心1樓
電話：(825)2508-6231　傳真：(852)2578-9337
E-mail：hkcite@biznetvigator.com
馬新發行所　城邦(馬新)出版集團
Cite (M) Sdn Bhd
41, Jalan Radin Anum, Bandar Baru Sri Petaling,
57000 Kuala Lumpur, Malaysia.
電話：(603)9057-8822　傳真：(603)9057-6622　email: cite@cite.com.my

封面設計／黃聖文　內文設計排版／林雯瑛　印　刷／鴻霖印刷傳媒股份有限公司
經 銷 商／聯合發行股份有限公司　電話：(02)2917-8022　傳真：(02) 2911-0053
地址：新北市231新店區寶橋路235巷6弄6號2樓
ISBN 978-986-272-987-8　
定價／320元
2016年(民105)3月初版

城邦讀書花園
www.cite.com.tw

商周出版

廣　告　回　函
北區郵政管理登記證
北臺字第000791號
郵資已付，免貼郵票

104　台北市民生東路二段141號2樓

英屬蓋曼群島商家庭傳媒股份有限公司城邦分公司　收

請沿虛線對摺，謝謝！

商周出版

書號：BP1050　　書名：**美聲主廚**　　編碼：

請於此處用膠水黏貼

商周出版

讀者回函卡

感謝您購買我們出版的書籍！請費心填寫此回函卡，我們將不定期寄上城邦集團最新的出版訊息。

不定期好禮相贈！
立即加入：商周出版
Facebook 粉絲團

姓名：＿＿＿＿＿＿＿＿＿＿ 性別：☐男　☐女

生日：西元＿＿＿＿＿＿年＿＿＿＿＿＿月＿＿＿＿＿＿日

地址：＿＿＿＿＿＿＿＿＿＿＿＿＿＿＿＿＿＿＿＿

聯絡電話：＿＿＿＿＿＿＿＿＿＿ 傳真：＿＿＿＿＿＿＿＿＿＿

E-mail ：＿＿＿＿＿＿＿＿＿＿＿＿＿＿＿＿＿＿＿＿

學歷：☐ 1. 小學 ☐ 2. 國中 ☐ 3. 高中 ☐ 4. 大學 ☐ 5. 研究所以上

職業：☐ 1. 學生 ☐ 2. 軍公教 ☐ 3. 服務 ☐ 4. 金融 ☐ 5. 製造 ☐ 6. 資訊
☐ 7. 傳播 ☐ 8. 自由業 ☐ 9. 農漁牧 ☐ 10. 家管 ☐ 11. 退休
☐ 12. 其他＿＿＿＿＿＿＿＿＿＿

您從何種方式得知本書消息？
☐ 1. 書店 ☐ 2. 網路 ☐ 3. 報紙 ☐ 4. 雜誌 ☐ 5. 廣播 ☐ 6. 電視
☐ 7. 親友推薦 ☐ 8. 其他＿＿＿＿＿＿＿＿＿＿

您通常以何種方式購書？
☐ 1. 書店 ☐ 2. 網路 ☐ 3. 傳真訂購 ☐ 4. 郵局劃撥 ☐ 5. 其他＿＿＿＿＿

您喜歡閱讀那些類別的書籍？
☐ 1. 財經商業 ☐ 2. 自然科學 ☐ 3. 歷史 ☐ 4. 法律 ☐ 5. 文學
☐ 6. 休閒旅遊 ☐ 7. 小說 ☐ 8. 人物傳記 ☐ 9. 生活、勵志 ☐ 10. 其他

對我們的建議：＿＿＿＿＿＿＿＿＿＿＿＿＿＿＿＿＿＿＿＿
＿＿＿＿＿＿＿＿＿＿＿＿＿＿＿＿＿＿＿＿
＿＿＿＿＿＿＿＿＿＿＿＿＿＿＿＿＿＿＿＿

請於此處用膠水黏貼